»Eine Weltkarte, auf der das Land Utopia nicht verzeichnet ist, verdient keinen Blick, denn sie läßt die eine Küste aus, an der die Menschheit ewig landen wird. Und wenn die Menschheit dort angelangt ist, hält sie Umschau nach einem besseren Land und richtet ihre Segel dorthin. Der Fortschritt ist die Verwirklichung von Utopien.«

(Oscar Wilde)

»Ich verlange von einer Stadt, in der ich leben soll: Asphalt, Straßenspülung, Haustorschlüssel, Luftheizung, Warmwasserleitung. Gemütlich bin ich selbst.«

(Karl Kraus)

»Die Stadt ist gut, sagte der Bauer, aber die Leute taugen nichts.«   (Böhmisches Sprichwort)

Inhalt

Megalopolis 6

Die ersten Städte 10

Städte am Nil 20

Die griechischen Poleis 30

Rom und die Städte seines Imperiums 41

Die Städte des Mittelalters 54

Im Zeichen des Löwen – Venedig 68

Quedlinburg 74

Plätze und Projekte 77

Residenzstädte 91

Industrielle Revolution und Expansion der Städte 104

Städtewachstum und Geschichtsbewußtsein 118

Literatur 124

Megalopolis

In der schwer zugänglichen Bergregion des Peloponnes
liegt eine Landschaft, die von den Griechen Arkadien genannt wurde. Die Bergtäler Arkadiens boten den Bewohnern nur einen kargen Lebensunterhalt, so daß jene zumeist als Hirten in kleinen Dörfern lebten. Während sich
zu jener Zeit in den Küstenregionen Griechenlands
längst Städte mit einer reichen Bautätigkeit entwickelt
hatten, blieb die Landschaft Arkadiens unberührt und
fast vergessen. Daher sah man später Arkadien als ein Pa-
radies an; es galt als ein Reich vollkommener Seligkeit
und Schönheit und als eine Landschaft, in der Dichtung
und Musik zu Hause waren.

Doch in der Mitte des 6. Jh. v. u. Z. wurde es aus seiner
Vergessenheit gerissen. Das von allen Griechen gefürch-
tete Sparta brachte es unter seine Herrschaft und nutzte
diese Bergregion fast zwei Jahrhunderte als Durchzugsge-
biet für seine scheinbar unbesiegbaren Krieger. Erst als
die großen Stadtstaaten der Griechen nach einer Reihe
kriegerischer Auseinandersetzungen so geschwächt waren, daß es dem weniger bedeutenden Theben gelang, die
bisher für unüberwindlich gehaltenen Spartaner zu besie-
gen, wurde auch Arkadien in die politische Geschichte
des Landes hineingezogen.

Der Sieg der Thebaner war Anlaß dafür, einen arkadischen Städtebund mit einer neuen Stadt als Mittelpunkt
zu gründen, denn die Thebaner wünschten zwischen sich
und den noch immer gefürchteten Spartanern einen stark
befestigten Ort, der eventuelle Angriffe auffangen konnte.
Diese Stadt sollte sehr groß werden und wurde deshalb
Megalopolis (megale – groß; polis – Stadt) genannt. Mit

Unterstützung Thebens legte man einen Mauerring von mehr als 8 km Länge an, errichtete einen Markt, Wohngebäude, begann mit dem Bau eines großen Versammlungsgebäudes für die 10 000 Mitglieder des arkadischen Bundes und eines gewaltigen Theaters mit mehr als 40 000 Plätzen. Um die Stadt mit Menschen zu füllen, wollte man – so berichten uns die Quellen – die Bewohner aus 40 kleinen Dörfern ansiedeln. Als sich die Arkadier dagegen wehrten, brachte man sie mit Gewalt nach Megalopolis.

Ob der Bau der Stadt ein Erfolg wurde, können wir nicht endgültig beurteilen, denn die Quellen versagen uns weitere Auskünfte, und die bisher durchgeführten Ausgrabungen lassen nur einen kleinen Teil der Stadt erkennen.

Warum nun hier das Beispiel von Megalopolis? Megalopolis zeigt, daß die Stadt, eigentlich jede Stadt, von ihrem Umfeld und von einer bestimmten historischen Entwicklung abhängig ist. Megalopolis macht auch die Diskrepanz zwischen Ziel und Wirklichkeit einer Stadtplanung deutlich! Politisch sollte sie einen Puffer zwischen zwei Staaten bilden; das aber gab ihr zuwenig Legitimität und bedeutete eine ständige Gefährdung ihrer politischen Existenz. Sozial beruhte sie auf dem Zusammensiedeln der ländlichen Nachbarn; darauf aber waren die Bewohner nicht vorbereitet. Ökonomisch sollte sie den Mittelpunkt einer Landschaft bilden; hierfür aber fehlten ihr die natürlichen Verbindungen, wie Straßen, Wasser und Häfen.

Die Stadt Megalopolis ist heute fast vergessen. Lediglich einige Archäologen befassen sich mit ihrer Geschichte, und nur wenige Reisende kommen heute nach Arkadien. Aber der Name tauchte in den sechziger Jahren unseres Jahrhunderts wieder auf. Er kam in die Diskussion, als die Städte immer weiter wuchsen, sich in die Landschaft fraßen, ja diese zu zerstören drohten – ein Prozeß, der unumkehrbar schien und viel Kritik hervorrief. Dieser negativen Beurteilung der Entwicklung versuchte zuerst der Amerikaner Jean Gottmann entgegenzutreten, indem man die weitere Verstädterung als Chance für eine neue Lebensqualität auffaßte, sie als »zweite große Veränderung in den Lebensbedingungen der Menschheit seit den Tagen des Höhlenmenschen« ansah (Robert McNee). Megalopolis wurde seitdem als Begriff für eine Stadtregion verwendet, in der eine Reihe großer Städte mit den unterschiedlichsten Funktionen den ökonomischen und sozialen Schwerpunkt eines Kontinents bilden sollte. Als Prototyp für die Entwicklung zu einer Megalopolis galt die nordamerikanische Ostküste mit ihren Millionenstädten, ihren industriellen Zentren, ihrer entwickelten Transporttechnologie und ihrer internationalen politischen Bedeutung. Für die 38 Millionen Einwohner dieses Gebietes mit einer Länge von etwa 1000 km und einer Breite von 50 bis 150 km sollte eine neue städtische Umwelt geplant und entwickelt werden.

Um diese Idee ist es schon nach knapp zwei Jahrzehnten still geworden. Die Realisten sollten recht behalten. Die Krise der Stadt New York, bedingt durch ihre Zahlungsunfähigkeit im Jahre 1975, die weitere Zerstörung und Zersiedlung der Landschaft und die Unmöglichkeit, gegenwärtig Veränderungen der Besitzverhältnisse an Grund und Boden zu erreichen, geben keinen Raum, solchen Visionen wie Megalopolis nachzuhängen.

Mit diesen beiden Beispielen kann das Problem der Stadtentwicklung kaum mehr als angerissen werden; die Aufgaben sind vielschichtig und ihre Lösungen kompliziert. Einerseits erweist sich Städtebau als ein globales Problem, das von den entwickelten Industrieländern ebenso grundlegende Entscheidungen fordert wie von den Entwicklungsländern; andererseits stellt es sich jedoch als falsch heraus, die weitreichenden Entscheidungen mit gleichen Mitteln lösen zu wollen. Bevölkerungsexplosion auf der einen Seite, Schutz alter Städte andererseits machen deutlich, daß qualitativ und quantitativ unterschiedliche Probleme ein differenziertes Herangehen erfordern, dessen Charakter grundsätzlich von den sozialen Bedingungen geprägt wird. Planungsprozesse können hier ein wirksames Hilfsmittel sein; werden in sie die nationale und kulturelle Entwicklung ebenso integriert wie die sozialen Bindungen, können sie zum Erfolg führen.

Ist Megalopolis also eine Utopie? War sie es vor mehr als 2300 Jahren, und ist sie es auch heute noch? Vielleicht war und ist es eine Illusion, durch großstädtische Planung gesellschaftliche Probleme lösen zu wollen? Sicher ist jedoch, daß die beiden mit dem Namen Megalopolis verbundenen Beispiele Zeichen für eine Krise sind. Diese Probleme sollen uns Anlaß geben, über den Charakter von Städten nachzudenken. Was also ist eine Stadt?

Die Stadt ist ein politisches, ökonomisches und soziales Zentrum, das einer verhältnismäßig großen Anzahl Menschen auf einer relativ geschlossenen Fläche eine Existenzmöglichkeit bietet. Als Voraussetzung für ihre Entstehung müssen ein landwirtschaftliches Mehrprodukt und eine sich daraus ergebende Arbeitsteilung von Ackerbau und Handwerk gegeben sein. Auch sich kreuzende Handelsstraßen können Ausgangspunkt für eine Stadtentstehung bilden.

Bald schon entwickelten sich Städte zu Herrschaftszentren. Sie wurden zu Kristallisationspunkten einer ständig steigenden Bevölkerung. Es entstanden immer neue Orte, so daß schließlich Länder und Kontinente mit einem dichten Raster größerer und kleinerer Ansiedlungen überzogen waren. Eine Geschichte dieser weltumspannenden und vieltausendjährigen Entwicklung zu schreiben ist vermessen. So bleibt uns hier nichts weiter übrig, als, ausgehend von einer eurozentrischen Sehweise, das Problem nur in groben Strichen zu skizzieren und uns dabei von den kunstgeschichtlichen Epochen und ihrem sozial-ökonomischen Kontext die Stichpunkte liefern zu lassen.

Die topographischen Bedingungen für die Stadtentstehung sind außerordentlich mannigfaltig: ein fruchtbares Tal oder ein leicht zu verteidigender Hügel, ein günstig gelegener Hafen oder eine schwer erreichbare sumpfige Niederung, eine natürliche Feste auf einer Insel oder ein künstlicher Hügel in fruchtbarem Schwemmland... Zur Stadtentstehung können aber auch die Bedeutung eines religiösen Zentrums, die Notwendigkeit der Landesverteidigung oder der Wille eines Gründers geführt haben. In einigen Kulturen sind Stadt- und Staatsentstehung eng miteinander verflochten, so daß bestimmte Leistungen der Stadt oder aber Krisen in ihrem Innern zur Festigung oder auch zur Erschütterung des Staates führen können. Neben diesem gesamtgesellschaftlichen Kontext sollte man auch berücksichtigen, daß die Stadt spezifische soziale, politische und ökonomische Strukturen entwickelt, mit denen sie ihre Verhältnisse im Innern und ihre Beziehungen nach außen zu regeln sucht. Der Weg zu stabilen inneren Strukturen verläuft bei jeder Stadt anders, denn jede Stadt besitzt ihre eigene Geschichte; aber jeder kulturgeschichtlichen Epoche liegen gemeinsame Züge zugrunde, die sich auch im Städtebau wiederfinden. Diesen Gemeinsamkeiten wollen wir nachgehen.

Die ersten Städte

Der Bau der ersten Städte liegt am Ende eines langen Entwicklungsweges. Über Jahrtausende hinweg hatten die Menschen als Sammler und Jäger gelebt, ehe sie die Vorteile des Ackerbaus und eines festen Wohnsitzes erkannten. Die ersten dörflichen Siedlungen dürften etwa im 10. Jahrtausend v. u. Z. entstanden sein. Ihnen folgte eine Zeit, in der neben der nomadischen Lebensweise die Vorteile der Seßhaftwerdung entwickelt und genutzt wurden. Tierhaltung, Pflanzenzüchtung und -anbau sowie die Entwicklung des Handwerks waren die Elemente einer Dorfkultur, die sich über einen Zeitraum von etwa 5000 Jahren entwickelten. Erst am Ende dieses Entwicklungsweges veränderten sich in einzelnen Gebieten die Lebensgewohnheiten der Menschen. Ihre bisherige lockere Siedlungsweise verwandelte sich an einzelnen Punkten in eine kompakte städtische. Der zunehmende Reichtum, besondere Fertigkeiten und Fähigkeiten hatten eine soziale Differenzierung begünstigt. Nun sahen sich die Bewohner – nachdem sie für die Befriedigung der Grundbedürfnisse gesorgt hatten – mit neuen Aufgaben konfrontiert, die weit über ihren bisherigen dörflichen Horizont hinausgingen.

Besonders im östlichen Mittelmeerraum gab es günstige Klimabedingungen und ausreichend Baumaterial, die den Bau größerer Siedlungen gestatteten. Kennzeichen der ersten Städte war ein größerer Ort mit einer geschlossenen Gemeinschaft von Bewohnern, die sich auf einer begrenzten Fläche ansiedelten, die die Nähe von

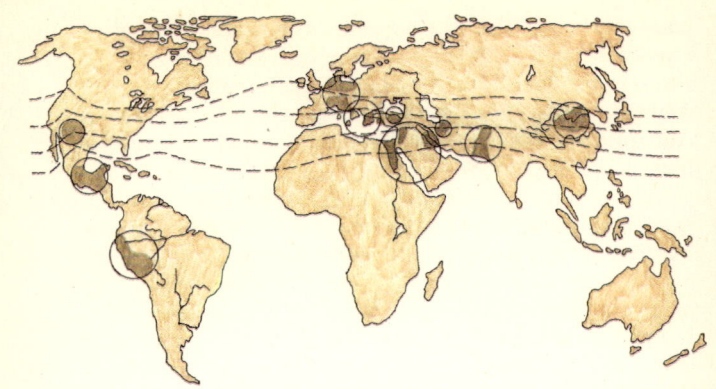

Weltkarte mit den wichtigsten Zentren der Stadtentstehung. Die horizontalen Linien geben die Jahresmitteltemperaturen an. 1 – Ägypten, Phönikien, Mesopotamien im 3. Jt. v. u. Z.; 2 – Griechenland seit Beginn des 2. Jt. v. u. Z.; 3 – Mitteleuropa seit Mitte des 1. Jt. v. u. Z.; 4 – Kleinasien etwa seit dem 6. Jt. v. u. Z.; 5 – Iran seit Mitte des 1. Jt. v. u. Z.; 6 – Indien seit Mitte des 3. Jt. v. u. Z.; 7 – China Mitte des 2. Jt. v. u. Z.; 8 – Mexiko Mitte des 1. Jt. v. u. Z.; 9 – Kolumbien Anfang des 1. Jt. u. Z.; 10 – Peru im 1. Jt. v. u. Z.

Wasser nutzten – so eine Quelle für Trinkwasser, einen Fluß als Transportweg oder für die Bewässerung, das Meer für den Fischfang –, die ein fruchtbares Hinterland besaßen und die sich gegenüber Angriffen durch Wälle, Gräben oder Mauern zu schützen wußten.

Worin bestanden nun die Vorteile der Stadt?

Sie lagen zunächst in der größeren Sicherheit für den einzelnen Bewohner. Waren Nomadengruppen und kleinere Siedlungen noch verwundbar und lohnende Angriffsziele, so konnte sich eine Stadt ihrer Feinde besser erwehren. Auch gegen Hungersnöte und Naturkatastrophen lernten sich die Bewohner durch die Anlage größerer Vorräte und durch bessere Vorsorge zu schützen. Die Nachteile der Stadt wurden jedoch deutlich, wenn ansteckende Krankheiten auftraten. Dann griffen Seuchen schnell um sich und dezimierten die Zahl der Bewohner. Ein wichtiges Merkmal der Stadt war auch, daß sie – zunächst häufig im Interesse der Herrschenden – dem handwerklichen Können der Menschen neuen Entwicklungsraum bot. Durch Spezialisierung konnten sich die Fertigkeiten und Erfahrungen des einzelnen besser entwickeln, denn die Bewohner standen vor vielen neuen Aufgaben. So mußte die Stadt verteidigt werden; dazu gehörten Waffen und Stadtmauern. Es mußten Vorräte angelegt werden; dafür brauchte man Lagerhäuser und Magazine. Es mußte Trinkwasser in die Stadt geführt werden; dazu bedurfte es Brunnen und Leitungen. Schließlich mußte auch die Ernährungsgrundlage der Stadt gesichert werden; dazu war die Unterdrückung oder Unterwerfung der ländlichen Nachbarn nötig und vielleicht das Versprechen, sie im Falle eines Angriffs zu schützen. Als unter diesen Bedingungen die Produktion eines lokal begrenzten Gebietes den Bedarf überstieg, entstanden auch Märkte für den Tausch von Nahrungsmitteln und Werkzeugen. Später weitete sich der Handel durch die Verbindung der Märkte über große Gebiete aus.

Über die Vielzahl der städtischen Zentren und ihre komplizierte, bisher nur zum Teil erforschte Geschichte besitzen wir lediglich die spärlichen Berichte der Ausgräber und die nicht immer deutbaren epigraphischen Zeugnisse. Deshalb soll hier – stellvertretend für die Entwicklung – die Geschichte zweier Städte, Çatal Hüyük und Ur, umrissen werden.

In Anatolien, einer Landschaft in der heutigen Türkei, ergaben Ausgrabungen Aufschlüsse über eine der ältesten größeren Ansiedlungen der Welt, über Çatal Hüyük. Seine frühesten Zeugnisse werden auf das 8. Jahrtausend v. u. Z. datiert. Çatal Hüyük entstand inmitten eines fruchtbaren Gebietes und nahm eine Fläche von etwa 13 ha ein. Man schätzt heute, daß in dieser Stadt 5000 bis 6000 Menschen gelebt haben. Die umliegenden Wälder boten durch ihren Wildbestand den Bewohnern reichlich Nahrung. Als Ernährungsgrundlage dienten besonders Weizen, Gerste, Erbsen und Wicken, die von den Bewohnern selbst angebaut wurden.

Die Häuser der Ansiedlung waren dicht aneinandergebaut. Daher dienten die Dächer nicht nur dem Schutz vor Hitze, Kälte und Nässe, sondern auch als Verbindungs-

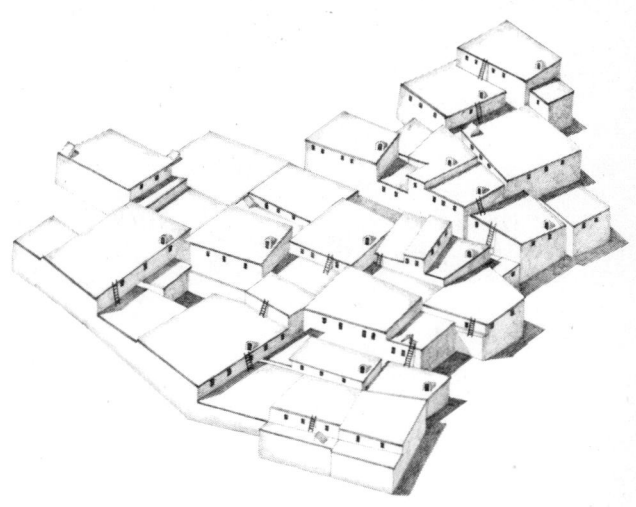

Çatal Hüyük; Teil der Siedlung (Rekonstruktion)

wege. Die meisten Gebäude waren nur etwa 5 m × 6 m
groß, ihre Wände aus getrockneten Lehmziegeln an den
Ecken durch Holzpfosten verstärkt. Die Wände erhielten
eine Putzschicht aus Lehm, die mit einem Anstrich versehen war. Diese Wohnhäuser besaßen nur eine geringe Le-
bensdauer und mußten nach den Niederschlägen im
Frühjahr immer wieder ausgebessert werden. Hierzu trug
man eine neue Lehmschicht auf die Dächer auf.
Nur ein kleiner Teil der Bewohner von Çatal Hüyük war
wahrscheinlich in der Landwirtschaft tätig. Die meisten
übten – wie die Ausgrabungen vermuten lassen – ein
Handwerk aus. Weben, Töpfern, Holz- und Steinbearbei-
tung sowie Lederverarbeitung lassen sich nachweisen.
Auffällig in dieser Stadt ist die große Zahl von Kult-
stätten. Von den 139 bisher ausgegrabenen Häusern wiesen 40 ein Heiligtum auf. Das gab Anlaß zu der Vermu-
tung, daß Çatal Hüyük die Funktion eines religiösen
Zentrums besaß. Aber eine andere Erklärung für die
frühe Bedeutung der Stadt scheint überzeugender: Man
fand in großer Menge und in den verschiedensten Bear-
beitungsformen Obsidian, ein schwarzes, glasiges, vulka-

*Wandmalerei in einem Heiligtum in Çatal Hüyük; vorn die terrassen-
förmig ansteigenden Häuser, im Hintergrund der doppelgipfelige Vul-
kan*

nisches Gestein. Obsidianstücke lassen sich als Messer
oder Schaber für die Bearbeitung von Tierhäuten u. ä.
verwenden. Die Stadt kann daher auch ein Zentrum des
Handels mit diesem Material gewesen sein. Einen Hin-
weis darauf, daß das vulkanische Gestein für die Stadt
eine große Rolle gespielt hat, gibt die Wandmalerei im
Innern eines Hauses. Auf der farbigen Darstellung kann
man deutlich Çatal Hüyük und seine Umgebung erkennen. Im unteren Teil des Bildes sind die Häuser als regelmäßige Rechtecke angedeutet, im oberen Teil ist der
Doppelkegel eines tätigen Vulkans sichtbar. Nach Anga-
ben der Ausgräber war dieser in der Nähe gelegene Vul-
kan zur Zeit der Stadtentstehung noch tätig.

Einige Jahrtausende später, im 5. und 4. Jahrtausend
v. u. Z., mehren sich die Hinweise für städtische Siedlungen in vielen Teilen des Alten Orients. Besonders am Un-
terlauf von Euphrat und Tigris, in Mesopotamien, führte
die künstliche Bewässerung zu hohen Erträgen und bot so
die Möglichkeit, größere Menschenansammlungen zu
versorgen. Der Bau und die Erhaltung solcher Bewässe-
rungsanlagen stärkten die Stellung eines Zentrums und
führten zur Herausbildung von Städten. Zu den ältesten
Städten gehört Uruk, das zentrale Bedeutung für ein aus-
gedehntes Gebiet mit vielen Dörfern, Siedlungen und

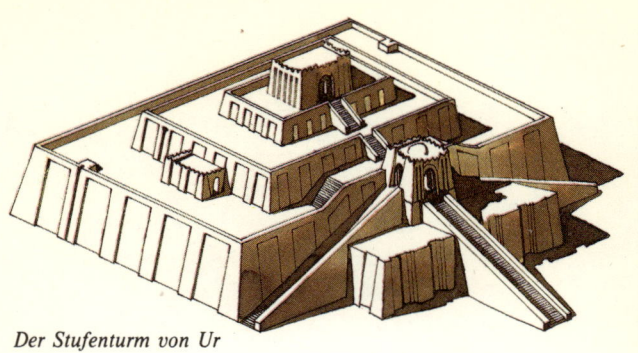

Der Stufenturm von Ur

kleineren Zentren hatte. Später förderten veränderte öko-
logische Bedingungen die Bildung mehrerer städtischer
Zentren, so daß neben Uruk auch andere Städte, wie Nip-
pur, Eridu und Ur, Bedeutung erlangten.

Am Ende des 3. Jahrtausends v. u. Z. gelang es Ur, die
Herrschaft in diesem Gebiet zu erringen. Es gehörte zu
den kleineren Stadtstaaten in diesem Gebiet und erlebte
während der 3. Dynastie seine Blüte. Die fünf aufeinan-
derfolgenden Könige dieser Dynastie förderten die land-
wirtschaftliche Großwirtschaft, ließen Tempel und Paläste, Kanäle und Festungen anlegen und organisierten
einen Beamtenapparat, der die notwendigen Arbeiten ko-
ordinierte und beaufsichtigte, Abgaben eintrieb und den
Handel mit anderen Gebieten bewerkstelligte. Zum Einflußgebiet von Ur gehörten eine Kleinstadt und drei Dörfer mit insgesamt 6000 ha Ackerfläche, wobei der größere
Teil der Fläche von Ur aus bearbeitet wurde. Ein Stausee,
etwa 2 km nördlich von Ur gelegen, versorgte das Gebiet
ausreichend mit Wasser, so daß das fruchtbare
Schwemmland über viele kleine Kanäle bewässert werden
konnte.

Das Wahrzeichen dieser an der Mündung des Euphrats
gelegenen Hafen- und Handelsstadt war der Stufenturm,
die Zikkurat. Auf mehreren regelmäßig angelegten Ter-
rassen befand sich der Tempel, der die Paläste und Mauern der etwa 55 ha großen Stadt überragte. Der Stadtgrundriß hatte die Form eines Ovals mit etwa 1000 m
Ausdehnung in der Längsachse und fast 700 m in der

15

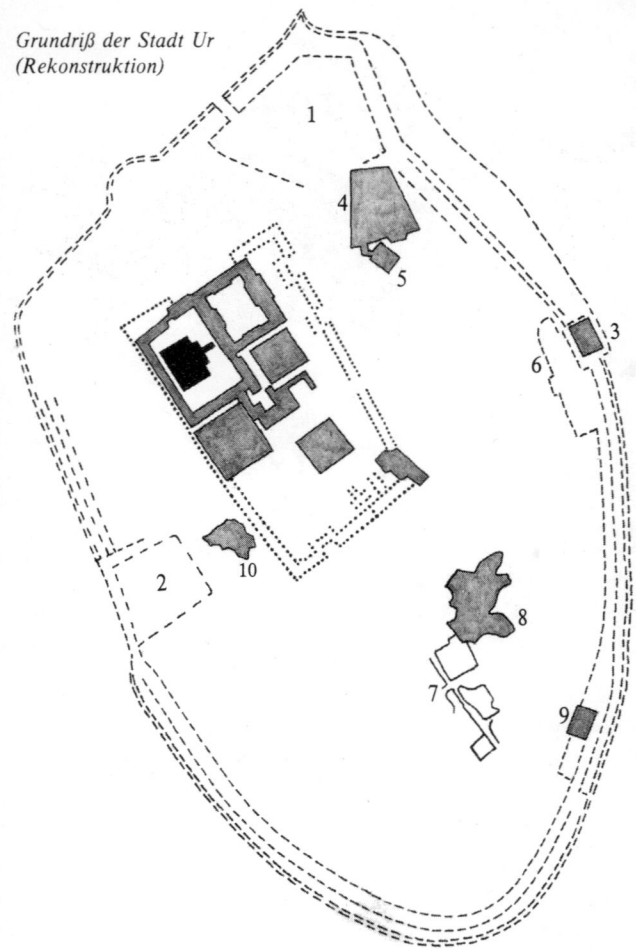

*Grundriß der Stadt Ur
(Rekonstruktion)*

*1 – Nordhafen; 2 – Westhafen; 3 – Festung; 4 – Palast der Ober-
priesterin Belschaltinanna; 5 – Hafentempel; 6 – Häuser der Ur III-
bis Larsa-Zeit; 7 – Spätbabylonisches Wohnviertel; 8, 10 – Wohnviertel der Ur III – Larsa-Zeit; 9 – Enki-Tempel*

Querachse. Diese Fläche dürfte mindestens 10 000, wahrscheinlich jedoch annähernd 20 000 Einwohner aufge-
nommen haben.

16

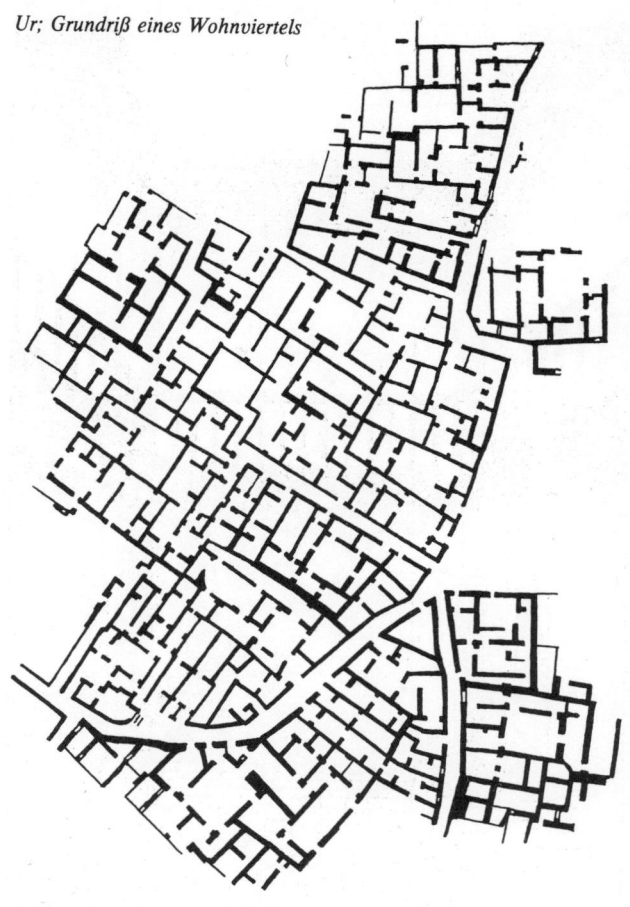

Die von einer Mauer umgebene Stadt besaß in ihrem Zentrum mehrere Tempel, ein großes Magazingebäude und zwei große, von Mauern umgebene Höfe. Der größere, mit einer doppelten Mauer umgebene nahm den schon erwähnten Stufenturm auf. Von großer wirtschaftlicher Bedeutung waren die béiden innerhalb des Mauerrings liegenden Häfen. Der kleinere, im Westen gelegen, hatte eine quadratische Wasserfläche mit einer Seiten-

17

Innenhof eines zweigeschossigen Wohnhauses in Ur

länge von etwa 100 m. Der größere, im Norden gelegene
Hafen mit einem fünfeckigen Grundriß nahm etwa die
doppelte Fläche ein. Nahe diesem Hafen lagen der Palast
und der sogenannte Hafentempel.

Einen gewissen Einblick in die gesellschaftlichen Verhältnisse bietet die unterschiedliche Ausstattung der Grä-

ber im Stadtgebiet von Ur. Während sich in den meisten Gräbern dieser Gegend nur Tongefäße, seltener Metallwaffen als Grabbeigaben fanden, weisen die Gräber der Könige nicht nur Gold, Silber und Waffen auf, sondern zeigen auch, daß sich die Herrscher von einer großen Zahl Abhängiger, so von Soldaten, Dienern und Musikantinnen, ins Grab begleiten ließen. Diese folgten ihrem Herrscher offenbar in der Annahme, ihm und sich das Leben im Jenseits angenehm machen zu können.

Die Ausgrabungen im südlichen Teil der Stadt geben uns einen interessanten Einblick in die Lebensgewohnheiten der Bewohner. Die Grabungsflächen besitzen zwar nur die Größe weniger Hektar, lassen aber erkennen, daß das Wohngebiet von Ur von gekrümmten und unregelmäßig angelegten Gassen durchzogen war. In diese wenige Meter breiten Straßen mündeten kleine Sackgassen, die den Bewohnern Zugang zu ihren Häusern gewährten. Die Häuser waren von unterschiedlicher Größe und Ausstattung. Die kleineren hatten drei oder vier Räume, die vor oder hinter einem kleinen Innenhof angeordnet waren; bei den größeren Häusern umgaben sechs bis zehn Räume einen Innenhof. Die Ausgrabungen lassen vermuten, daß es sich dabei um zweigeschossige Bauten mit gepflasterten Innenhöfen gehandelt hat. Die sehr dicken Wände waren geputzt und zum Teil mit einem Anstrich versehen. Nach außen, zu den engen Gassen hin, wirkten sie geschlossen und abweisend, denn fast alle Öffnungen waren auf den Hof gerichtet.

Die Bedeutung der Stadt Ur sank schnell, als die Amurriter von Nordwesten in die mesopotamische Tiefebene vordrangen. Erobert und zerstört wurde sie schließlich von den Elamern. Von ihrem Untergang zeugt ein Klagelied, das – in der Schilderung der Kriegsschrecken zeitlos – auch heute noch tief beeindruckt:

»An diesem Tage schwand dem Lande das Licht,
                              und das Volk klagt.
Die Einwohner – und nicht Scherben –
                    füllten seine Außenstadt,
in ihre Mauern wurden Breschen gelegt –
                              und das Volk klagt.

In ihren großen Toren, durch die man vordem schritt,
> liegen nun Leichen.
Auf ihren Märkten, auf denen man sonst Feste feierte,
> sind die Menschen hingestreut.
In ihren Gassen, durch die man vordem schritt,
> liegen Leichen.
Und in den Stätten, in denen man zuvor die Freuden-
> feste des Landes zu feiern pflegte,
> liegen die Menschen zu Haufen hingebreitet.
Das Blut des Landes ist vergossen,
so wie man Kupfer und Zinn in die Schmelzgruben gießt,
und die Leichen sind in der Sonne wie Hammelfett
> vergangen.«

Städte am Nil

Mit dem alten Ägypten verbinden wir sofort zwei Be-
griffe: Wir denken an die Pyramiden und an den Nil. Tatsächlich bestimmten die Kultbauten und die Beherr-
schung des Nils das Leben im alten Ägypten ganz
wesentlich. Auch für den Städtebau waren sie wichtige
Elemente. Sie prägten die Entstehung der Siedlungen
und die Entwicklung der Städte.

Welche topographischen Gegebenheiten bestanden für
die Entwicklung der Siedlungen, welche Bedeutung besaß
der Nil für den Bau der Städte, und wie sah die städtische
Wohnumwelt der Ägypter aus?

Ägypten liegt, vergleicht man es mit den anderen alten
Kulturen, verhältnismäßig isoliert. Im Osten und Westen
breiten sich unbewohnbare Wüsten aus; im Süden hört
das fruchtbare Land an den Katarakten des Nils fast
gänzlich auf; nur im Norden besitzt Ägypten durch die
Sinaihalbinsel eine Verbindung zu den Ländern des Na-
hen Ostens. In dieser kargen und unwirtlichen Landschaft gleicht das Niltal einer fruchtbaren Oase, die sich
wie ein Band von Norden nach Süden durch das Land
zieht. Nur im Norden verändert sich die Landschaft. Dort
öffnet sich das Niltal zum Delta, einem weiten fruchtbaren Gebiet, das im Altertum von den sieben Armen des
Nils durchflossen wurde.

Auch das Klima mildert diese ungünstigen Bedingungen nicht. Die unbarmherzige Einstrahlung der Mittagssonne und die Kühle des Nachtwindes lassen das Land unwirtlich erscheinen. Für Ägypten, das fast keine Niederschläge erhält, war der Nil der Lebensspender. Alljährlich überfluteten die Wassermassen die Felder, nachdem der Monsunregen in Abessinien eingesetzt hatte. Von der regelmäßigen Wiederkehr und der Höhe der Nilschwelle hingen die Ernte und damit der Wohlstand des ganzen Volkes ab. So wundert es uns nicht, daß der Beginn des Jahres auf den Zeitpunkt des Nilanstiegs gesetzt wurde. Auch die drei Jahreszeiten, die Überschwemmungszeit, die Zeit des Wachstums der Früchte und die Erntezeit, wurden von ihm bestimmt.

Aber nicht nur für die Ernährung der Ägypter war der Nil lebensnotwendig; für den Bau der Wohnhäuser und Paläste, der Speicher und Dämme brachte er den wichtigsten Baustoff, den Nilschlamm, mit. Der feuchte Nilschlamm läßt sich in Formen streichen, trocknet an der Sonne, besitzt ein geringes Gewicht, ist in Flußnähe überall zu haben und entspricht den klimatischen Bedingungen Ägyptens in hervorragender Weise, denn sein Wärmespeichervermögen ist so gut, daß er – bei ausreichender Dicke der Wände – am Tag die Bewohner der Häuser vor der intensiven Wärmeeinstrahlung schützt und in den kühlen Nächten die gespeicherte Wärmemenge wieder nach innen abgibt.

Der Nil war außerdem eine vollkommene Verkehrsader, denn nilabwärts bewegte die Strömung die Barken, und nilaufwärts trieb der ständig von Nord nach Süd wehende Wind die Schiffe. So konnten Nachrichten und Befehle, Steine und Bauholz, Getreide und andere Lebensmittel rasch und mit geringem Aufwand an menschlicher Arbeit befördert werden.

Der Nil stellte auch zu allen Landesteilen eine leicht zu kontrollierende Verbindung her und war deshalb ein entscheidendes Mittel für die politische Herrschaft der Pharaonen.

Eine besondere Bedeutung kam der Zentrale des Staates, der Hauptstadt, zu. Die längste Zeit wurde das Reich von Memphis aus, an der Grenze zwischen Ober- und

Unterägypten gelegen, regiert; aber auch Theben in Ober-
ägypten war Hauptstadt des Pharaonenreiches.

Memphis, das etwa 30 km südlich des heutigen Kairos
lag, ist uns durch seine gewaltigen Totenstädte, die Nekropolen, bekannt. Die monumentalen Anlagen mit ihren
Pyramiden und Mastabas bilden am Westufer des Nils
ganze Städte für sich. Durch die Verwendung von Stein
als Baumaterial überdauerten sie die Jahrtausende. Von
den Wohnstädten dagegen, die aus Nilschlammziegeln,
Holz und Matten errichtet wurden, sind nur spärliche Reste erhalten. Große Teile liegen heute im Grundwasser
und entziehen sich daher der Forschung. Auf Memphis
weisen in unseren Tagen nur noch die Reste von zwei Ge-
bäudekomplexen hin, die nördlich und südlich eines hei-
liges Sees lagen. Im Norden dieses Sees befanden sich ein
Palast, eine Festung und ein durch eine Mauer umschlos-
senes Lager; im Süden lag der Tempel des Gottes Ptah.

Diese Gebäudereste im Niltal erscheinen jedoch bescheiden, wenn man sie mit den gewaltigen Pyramiden
am Westufer vergleicht. Dort finden wir die Reste von
fünf großen Nekropolen, deren bedeutendsten Anlagen
bei Sakkara und Gizeh zu finden sind.

Was hatten diese Totenstädte nun mit der Hauptstadt
zu tun? Welche Bedeutung besaßen sie für die Lebenden?
Diodor, der griechische Geschichtsschreiber, gibt uns
eine Antwort darauf. »Die Ägypter«, so schreibt er, »hal-
ten die Zeit des Lebens für sehr kurz, die Zeit nach dem
Tode für sehr lang. Daher nennen sie die Wohnungen der
Lebenden Herbergen, die Gräber der Verstorbenen ewige
Häuser. Auf sie verwenden sie daher keine erhebliche
Mühe, diesen aber widmen sie eine großartige Ausstat-
tung.«

Memphis am nächsten liegt Sakkara, der älteste und
größte Gräberkomplex. Allein 13 Pyramiden finden wir in
diesem Gebiet. Sie sind von vielen kleinen und großen
Mastabas, den Gräbern der Schreiber und höheren Beamten, umgeben. Die bekannteste Gruppe jedoch ist die von
Gizeh mit den großen Pyramiden. des Cheops und
Chephren und mit der kleineren Pyramide des Mykeri-
nos. Die Pyramiden, die heute roh und abweisend erscheinen, besaßen im Altertum eine Verkleidung aus

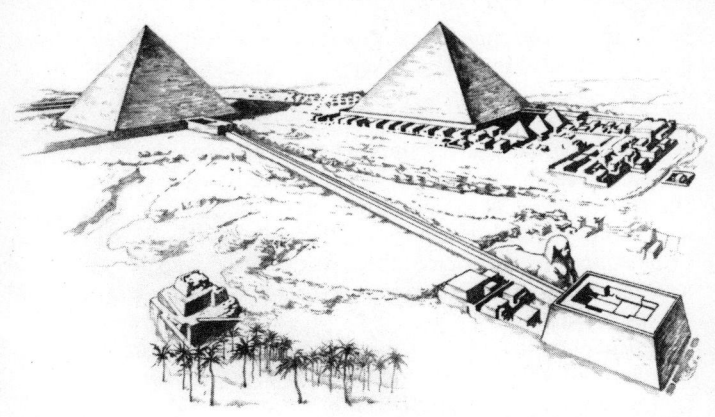

Rekonstruktion der Pyramiden von Gizeh; im Vordergrund der Taltempel mit der Sphinx

Kalkstein und waren durch ihre kristalline Form weithin sichtbar. Sie waren Teil einer umfangreichen Anlage, deren drei Hauptteile sich bei fast allen Pyramiden nachweisen lassen. Am Nil lag der Taltempel, der durch einen geraden rampenartigen Weg mit der Pyramide verbunden war. Dieser sogenannte Aufweg führte zum dritten Element der Anlage, zu dem am Fuße der Pyramide liegenden Totentempel.

Diese großen Grabanlagen entstanden im Alten Reich im Verlauf weniger Jahrhunderte und gelten als die markantesten Bauwerke in der ägyptischen Geschichte. Zwar wurden auch im Mittleren Reich noch Pyramiden gebaut, doch sie besaßen nicht mehr die Größe, Festigkeit und Monumentalität der Begräbnisstätten aus dem Alten Reich.

Im Mittleren Reich begann Theben an Bedeutung zu gewinnen und verdrängte Memphis als Hauptstadt des Landes. Theben, von Herodot das »huderttorige« genannt, war eine ausgedehnte Großstadt, eine Stadt mit riesigen Tempelanlagen, breiten von Sphingen gesäumten Straßen, Palästen der Könige, gewaltigen Tempelpalästen der Priester, künstlichen Teichen und Hafenanlagen und dem in der Nähe gelegenen Tal der Könige. Zur Blütezeit

Thebens dienten den Pharaonen nicht mehr Pyramiden, sondern in den Felsen gehauene Gräber als Begräbnisstätten.

Die markantesten Gebäude Thebens waren die Tempel. Sie beherrschten mit ihren hohen Mauern, den gewaltigen Eingangspylonen und schlanken Obelisken die Stadtsilhouette. Um einen räumlichen Eindruck von diesen Gebäuden zu erhalten, wollen wir anhand des Chons-Tempels die wichtigsten Bauelemente des Tempels beschreiben und den Weg einer Prozession durch diese Anlage verfolgen.

Den Mittelpunkt der Prozession bildete die Statue einer Gottheit, die an bestimmten Festtagen von einem Tempel zum anderen reiste. Dabei wurde der Nil häufig als Transportweg genutzt. Am Ufer des Flusses befand sich eine kleine Mole für die Barke, die die Statue der Gottheit heranbrachte. Priester hoben diese Barke auf die Schultern und trugen sie in einem langsam dahinschreitenden Zug durch eine Allee von Sphingen. Die Sphingen, Mischwesen mit Löwenkörper und Königskopf, trennten die Prozessionsstraße von der übrigen Stadt und

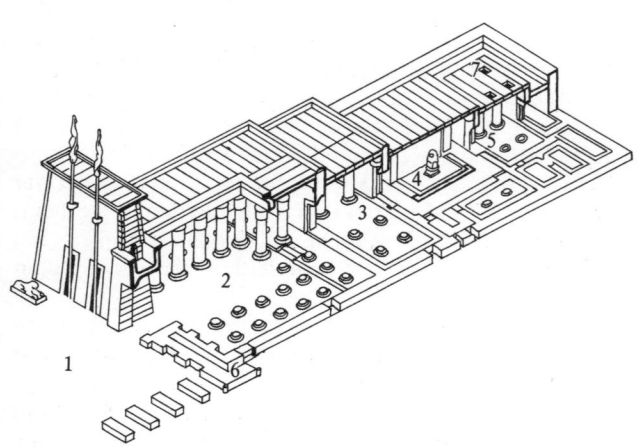

Chons-Tempel (Rekonstruktion). 1 – Sphinx-Allee; 2 – Hof; 3 – Hypostylsaal; 4 – Barkenraum; 5 – Sanktuar; 6 – Pylon; 7 – Beleuchtungsöffnungen

24

gaben ihr so ein festliches Gepräge. Am Ende der Sphingenallee stieß die Prozession auf den Doppelpylon, eine breitgelagerte geböschte Mauer mit einem Durchgang in der Mitte. Die Pylonen zu beiden Seiten des Durchgangs waren mit Fahnenmasten und Statuen der Pharaonen geschmückt. Der schmale Durchgang zwischen den Pylonen öffnete sich zu einem geräumigen Hof, der an drei Seiten von Säulengängen umgeben war. Hatte die Prozession diesen Hof durchschritten, erreichte sie den Hypostylsaal mit seinen gewaltigen Säulen. Diese erreichten in manchen Tempeln eine Höhe von mehr als 20 m und einen Durchmesser von über 3 m, so daß man in diesem Saal leicht – wie in einem Wald mit riesigen Bäumen – die Orientierung verlor. An den Hypostylsaal schloß sich der sogenannte Barkenraum an. In ihm blieb das Schiff zurück. Von dort wurde schließlich die Statue der Gottheit in den letzten Raum der Anlage, in das Allerheiligste, getragen.

Alle offenen und überdachten Räume waren an einer Achse orientiert, so daß sich die Prozession auf einer geraden Linie bewegte. Kennzeichnend für die Raumfolge war der Wechsel von Licht und Schatten. Während die Sphingenallee im grellen Sonnenlicht lag, spendete der Innenhof in seinem Randbereich Schatten, im Hypostylsaal war das Licht gedämpft und nahm ab – bis in der dunklen Kapelle nur noch ein Lichtstrahl auf die goldene Statue der Gottheit fiel.

Diese Tempel prägten den Feiertag der Ägypter und den Alltag der Priester, die hier täglich Kulthandlungen vornahmen. Aber wie sah das Leben der Handwerker und Arbeiter, der Beamten und Schreiber aus? Wie waren ihre Siedlungen, wie die Gassen und Straßen angelegt? Unsere Kenntnisse darüber sind bescheiden, denn im Mittelpunkt der Ausgrabungen standen zumeist Tempel und Gräber; die Siedlungen dagegen versprachen wenig spektakuläre Funde. Aus dem Mittleren Reich kennen wir die Siedlung von el-Lahun, und aus dem Neuen Reich besitzen wir Kenntnisse über die Siedlung von Deir el-Medine und die Wohnstadt von Amarna, der Residenz des Pharaos Echnaton.

In el-Lahun finden wir die Reste einer planmäßig ange-

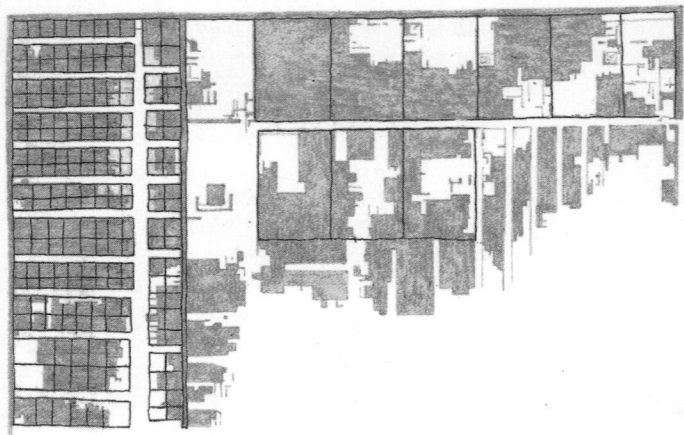

Grundriß der Pyramidenstadt von el-Lahun; links sind die Reihenhäuser der Unterschicht, oben die größeren Priesterhäuser zu erkennen.

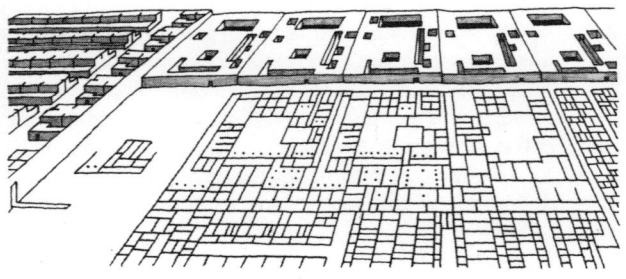

Rekonstruktion der Pyramidenstadt von el-Lahun

legten Stadt. Sie wurde unter Sesostris II., einem Pharao des Mittleren Reiches, gebaut, während er eine Pyramide errichten ließ. Die Stadt el-Lahun bestand aus zwei Teilen: einer kleineren Arbeiterstadt mit gleichförmigen Häusern und einer Handwerker- und Beamtenstadt, die eine differenzierte Sozialstruktur widerspiegelt. Beide Stadtteile trennte eine durchgängige Mauer, so daß der Zugang nur von außen möglich war. In der Handwerker- und Beamtenstadt unterschieden sich die kleinsten Häuser kaum von denen der Arbeiterstadt; die größten jedoch waren komfortabel ausgestattet, besaßen Dienerwohnungen und Speicher und zählten bis zu 70 Räumen. Die Stadt mag etwa 3000 Einwohner beherbergt haben und war dicht mit eingeschossigen, vielleicht zum Teil auch zweigeschossigen Häusern überbaut. Eine der Straßenzeilen können wir als eine Handwerkerstraße mit engen Handwerkerbuden deuten. Ein Tempel auf einem kleinen Platz war dicht von Wohnhäusern umschlossen. Die Straßen und Gassen waren nur wenige Meter breit; wir dürfen uns vorstellen, daß auf ihnen Leben und Gedränge herrschten.

Die Planmäßigkeit dieser Anlage ist ein Zeichen für das gute Organisationstalent der Ägypter. Allerdings stellt sie offenbar eine Ausnahme dar, denn die meisten Siedlungen wuchsen organisch und unregelmäßig in der Nähe des Nils. Zu dieser Art von Siedlungen gehört Deir el-Medine, eine kleine Siedlung am Stadtrand von Theben. In ihr wohnten die Handwerker, die in dem erwähnten Tal der Könige arbeiteten.

Deir el-Medine zählte etwa 70 Häuser. Die Siedlung war von einer Mauer umgeben und besaß nur einen Zugang. Die Häuser wurden über eine Hauptgasse und einige kleine Nebengassen erschlossen. Alle Häuser wiesen eine schmale rechteckige Form auf; in ihrer Größe unterschieden sie sich kaum voneinander. Sie besaßen mehrere Räume, die meistens hintereinander lagen. Aus den umfangreichen Funden dieser Siedlung wissen wir, daß es für die Bewohner eine soziale Rangordnung gab. An der Spitze standen die Aufseher und Schreiber, ihnen folgten die Bildhauer und Maler, Steinmetze und Maurer, den geringsten Rang besaßen schließlich die ungelernten Arbeiter. Durch die Funde in dieser Siedlung ist bekanntgeworden, daß es hier nicht nur zu Auseinandersetzungen und Streit, sondern auch zu einem ersten Streik wegen rückständiger Lohnzahlungen gekommen ist.

Eine dritte Stadtanlage im alten Ägypten bietet uns ein vollständigeres Bild von der Stadt, denn sie läßt uns in die Beziehungen zwischen öffentlichem und privatem Leben Einblick nehmen. Es ist die heute Amarna genannte Stadt, die während des Neuen Reiches für 15 Jahre Hauptstadt war. Amarna – vom Stadtgründer Echnaton »Horizont des Aton« (Achet-Aton) genannt, finden wir etwa in der Mitte zwischen Memphis und Theben. Die Stadt liegt im Niltal, parallel zum Flußlauf, der hier in einer leichten Krümmung die große Ebene zwischen den Wüsten durchschneidet.

Amarna gewann für die Wissenschaft Bedeutung, als im Jahre 1887 in den Resten eines Gebäudes Hunderte von mit Keilschriftzeichen bedeckte Tontafeln gefunden wurden. Wie waren wohl diese Tafeln nach Ägypten gekommen, und welche Beziehungen gab es zu Vorderasien? Es stellte sich heraus, daß die Tontafeln die Korrespondenz des Königs mit asiatischen Herrschern darstellten. Die bald darauf einsetzenden Grabungen brachten in diesem Gebiet große Tempel und die Wohn- und Palastanlagen des Königs zutage. Schließlich wurden auch Teile der Wohnstadt freigelegt. Dadurch erhielt man einen Einblick in die Lebensbedingungen des 14. Jh. v. u. Z.

Die im Laufe der letzten hundert Jahre auf Grundlage der Ausgrabungen entstandenen Pläne dieser Stadt lassen eine Anlage am östlichen Ufer des Nils mit fast 1 km Breite und 6 bis 7 km Länge erkennen. Etwa in der Mitte der Fläche lagen die Residenz und die von Mauern umschlossenen gewaltigen Tempelanlagen. Nördlich dieses Zentrums befand sich eine kleine Wohnstadt. Der größere Teil der Bewohner lebte offenbar in einem weiteren Wohngebiet südlich des Zentrums. Die Siedlungsstruktur läßt erkennen, daß sich neben großen Gehöften Gruppen

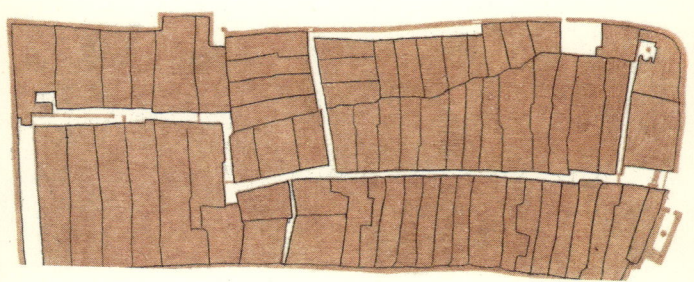

Grundriß der Handwerkersiedlung von Deir el-Medine

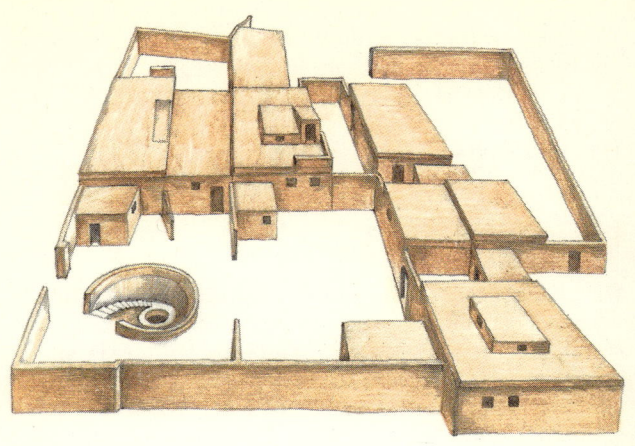

Amarna; Rekonstruktion einer Gruppe von kleinen und mittelgroßen Wohnhäusern, links ein Brunnen

kleiner Häuser befanden, ohne daß es eine Trennung nach sozialen Schichten gab. Analysiert man die Sozialstruktur an Hand der vorhandenen Baustruktur, so ergibt sich folgendes Bild: Mehr als die Hälfte der Bewohner gehörte zur ärmsten Schicht der Hauseigner. Diese bewohnten Häuser mit drei bis sechs Räumen, waren offenbar als Handwerker oder Arbeiter tätig und hinsichtlich ihrer Arbeitsmöglichkeiten und ihrer Versorgung von der Oberschicht abhängig. Eine Mittelschicht, die sich als Bewohner von etwa einem Drittel der Häuser nachweisen ließ, lebte in Häusern mit sechs bis zwölf Räumen. Ihre Vertreter waren als Schreiber, Priester und verantwortliche Organisatoren beim Bau der Stadt tätig. Die Repräsentanten der Oberschicht schließlich, die etwa sechs bis acht Prozent der Bevölkerung ausmachten, besaßen als Oberpriester, Generale, Oberbildhauer usw. die führenden Stellungen nicht nur in der Stadt, sondern auch im Staat und nahmen eine den Pharao vertretende Position ein. Sie lebten in großen Häusern mit 15 bis 20 Räumen und verfügten über bedeutende Reserven an Lebensmitteln, die sie in Abhängigkeit von ihrer Position an die ärmeren Schichten verteilen mußten.

Amarna vermittelt so den Eindruck, daß die Stabilität der ägyptischen Gesellschaft nicht nur auf der staatlichen Ordnung und den regelmäßigen landwirtschaftlichen Erträgen beruhte, sondern auch durch die große soziale Differenzierung gefördert wurde.

Die griechischen Poleis

Die griechischen Städte entwickelten sich unter völlig anderen topographischen Voraussetzungen als die ägyptischen Städte. Während die Städte im Niltal wie aufgereiht erschienen, entstanden die griechischen Siedlungen isoliert voneinander in den Tälern der ägäischen Küste im nördlichen Mittelmeerraum. Die Küste bot mit ihren steil abfallenden Felsen und zahlreichen Buchten geschützte Häfen, so daß das Meer die schnellste Verbindung zwischen den Siedlungen herstellte. Hinzu kam, daß die vielen bizarr aus dem Wasser ragenden Inseln dem Seefahrenden die Orientierung erleichterten.

Am Beginn der griechischen Stadtentwicklung stand ein starkes Königtum, dessen Einfluß aber häufig kaum über eine Insel oder ein Tal hinausging. Die ersten griechischen Städte entwickelten sich zunächst neben diesen Königsburgen. Als sich dann im Laufe der Zeit in diesen Ansiedlungen eine Adelsschicht herausgebildet hatte, die die Vorteile der Stadt und ihre politische Bedeutung erkannte und nutzte, ging die Bedeutung des alten Königtums zugunsten dieser neuen Schicht zurück.

Es gab aber auch noch andere Möglichkeiten der Stadtentstehung: Ebenen in den fruchtbaren Tälern zwischen zerklüfteten Bergen eigneten sich für eine Stadtgründung besonders gut, ebenso die Nähe einer Quelle, ein leicht zu verteidigender Hügel oder eine besonders gut geschützte Bucht. In der die Ansiedlung umgebenden Ebene ließ sich Landwirtschaft betreiben; an den entfernt gelegenen Hängen konnten Vieh gehütet und Ölbäume oder Weinstöcke gepflanzt werden. In diesen neuen Orten konnten die ehemals in Dörfern lebenden Hirten und Bauern Kulte und Feste feiern und von den Vorteilen der Stadt, von Handel und Handwerk, profitieren.

Außerhalb Griechenlands entstanden Städte durch Kolonisation. Diese Städte besaßen Autonomie und befanden sich nicht in militärischer Abhängigkeit von der griechischen Mutterstadt. Kolonisiert wurde bereits in vorhomerischer Zeit, als die Griechen den von Norden kommenden Völkern weichen mußten. Damals besiedelten sie die kleinasiatische Küste an der Ostseite des Ägäischen Meeres. Dort fand man zwar eine bereits bewohnte Küste vor; durch Geschicklichkeit und Überlegenheit gelang es den Griechen jedoch, Städte zu gründen und mit Leben zu erfüllen. Bei der zweiten Kolonisationswelle spielte die Stadt Milet, die sich im Zentrum der kleinasiatischen griechischen Städte befand, eine große Rolle für die Entwicklung des griechischen Städtebaus.

Milet lag am Eingang einer großen tiefen Bucht. Wir müssen heute sagen »lag«, denn diese Bucht wurde im Laufe vieler Jahrhunderte durch den Schwemmsand des Flusses Mäander aufgefüllt. Schon im Altertum zeichnete sich diese Entwicklung ab, aber erst zu Beginn des Mittelalters kam der Hafenverkehr völlig zum Erliegen. Heute ist die Stadt zum größten Teil unter Schwemmsand begraben. Milet lag damals auf einer Halbinsel, die durch ihre buchtenreiche Form vier Häfen Schutz bot. Drei lagen an der Westseite der Stadt und öffneten sich dem Ägäischen Meer, während der vierte, an der Ostseite der Stadt, von der Bucht des Mäanders geschützt wurde. Die vier Hafenbecken lagen so günstig zueinander, daß zwischen ihnen Speicher und Magazine, weite Marktplätze und die öffentlichen Gebäude der Stadt Platz fanden.

Vom 8. bis 6. Jh. v. u. Z. besaß Milet nicht nur die Führung unter den ionischen Städten, sondern genoß auch bei allen anderen griechischen Städten ein besonderes Ansehen. Es war ein Zentrum des Handels, der Ausgangspunkt für die sich entwickelnde Geldwirtschaft und gleichzeitig durch das in der Nähe liegende Heiligtum von Didyma weithin bekannt. Ihren Ruhm erlangte die Stadt jedoch besonders durch ihre Kolonisationsbestrebungen. Fast jedes Jahr stattete Milet für die Auswanderer einen Schiffsverband mit allem Lebensnotwendigen aus. An fremden Küsten, besonders am Schwarzen Meer, gründete man zunächst Handelsniederlassungen, die sich später zu Städten entwickelten. In Milet mußten dafür Schiffe gebaut, Vorräte gelagert, Materialien gestapelt und Werkzeuge hergestellt werden. Hier liefen auch Informationen und Nachrichten von den fremden Küsten zusammen, Erfahrungen wurden ausgetauscht und die ersten Erkenntnisse über die Neuanlage von Städten gesammelt.

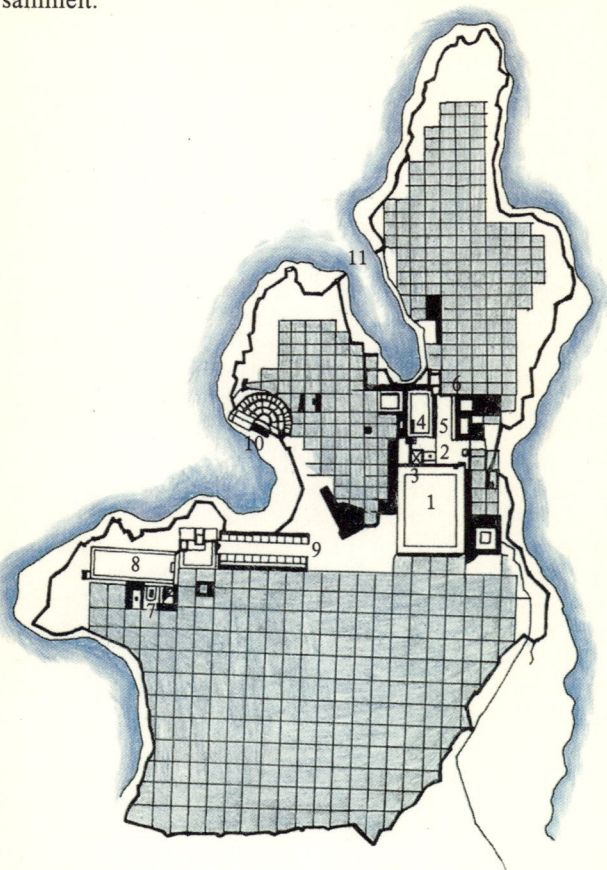

Milet; Stadtgrundriß (Rekonstruktion). 1 – Staatsmarkt; 2 – römisches Markttor; 3 – Bouleuterion; 4 – Nordmarkt; 5 – Prachtstraße; 6 – Delphinion; 7 – Athena-Heiligtum; 8 – Westmarkt; 9 – Stadion; 10 – Theater; 11 – sog. Löwenbucht

Wie kam es eigentlich zur Kolonisationsbewegung? Was zwang die Griechen zur Gründung neuer Städte, und worin bestand die Überlegenheit gegenüber den bereits dort siedelnden Bewohnern? Über die Motive können wir nur Vermutungen anstellen, da sich dabei immer eine Reihe von ökonomischen Faktoren und politischen Interessen überlagerten. Sicherlich findet man eine der Ursachen für die Kolonisationsbewegung in dem Bevölkerungsüberschuß der ionischen Städte, aber auch die Eroberung von Rohstoffquellen und die Schaffung neuer Absatzmärkte mögen Gründe gewesen sein. Das ist aber nicht genug, um erfolgreich zu sein. Die Ursache für den Erfolg dieser Unternehmungen muß auch mit der Verfassung und der dadurch besseren Funktion der Städte in Beziehung gestanden haben.

Die Ionier, ebenso wie die übrigen Griechen, entwickkelten einen neuen Stadttyp, der später zum Ausgangspunkt für die europäische Stadt werden sollte. Diesen Stadttyp bezeichnen wir als »Polis«. Unter Polis verstehen wir einen Stadtstaat, der gegenüber anderen Städten verhältnismäßig unabhängig war. Die Polis war der Wohnort der ländlichen Grundeigentümer, die in ihrem zentralen Wohnort eine städtische Kultur entwickelten. Die verschiedenen Poleis entstanden zwar nicht unter gleichen Bedingungen, wiesen aber eine Anzahl charakteristischer Eigenschaften auf, die wir hier nicht unerwähnt lassen dürfen:

— Sie entstanden häufig unter ähnlichen geographischen Bedingungen, in einem Tal, an einem Flußufer oder in der Nähe eines Hafens. Die Polis war das politische Zentrum und der größte Wohnort in dieser Landschaft und damit oft Stadt und Dorf zugleich.

— Sie entwickelte eine eigene Wirtschaftsform, die in der Einheit von Landwirtschaft und Handwerk bestand und häufig Fischfang, später Handel einschloß. Daher war die Polis — zumindest ursprünglich — wirtschaftlich weitgehend autark.

— Indem sich die Polis eine Vertretung für ihre Bewohner unterschiedlicher Herkunft und später einen Rat schuf, förderte sie den Interessenausgleich. Auf der Basis einer eigenen Verfassung wurde im Laufe der Zeit der

Übergang zur antiken Demokratie möglich. Damit besaß sie auch politische Autonomie.

– Die Bewohner der Polis pflegten ihre lokalen Besonderheiten, ja entwickelten sie auf einzelnen Gebieten sogar weiter. Die Religion allerdings blieb nicht nur auf den Ort beschränkt, sondern wurde – auch bei Kolonisation – in die Tochterstädte mitgenommen. Aber Sitten und Gebräuche, der Kalender, manchmal auch Maße und Gewichte blieben ortsabhängig. Damit besaß die Stadt eine große kulturelle Individualität.

Aber kehren wir nach Milet zurück, zu der Stadt, die – so berichten uns Quellen – mehr als 80 Tochterstädte gegründet haben soll. Sie erlebte ihre Blüte am Ende des 6. Jh. v. u. Z. Milet war damals nicht nur die größte Handelsstadt in der Ägäis, sondern auch der Ausgangspunkt für die sich zaghaft entwickelnde Wissenschaft und Philosophie. Ihre Bürger galten als gebildet und weltoffen und waren durch rege Handelstätigkeit mit vielen Teilen der damals bekannten Welt verbunden.

Die Stadt konnte sich jedoch nicht ständig einer gleichmäßigen wirtschaftlichen Entwicklung erfreuen, denn im Osten lag das expandierende Riesenreich der Perser. Im Jahre 560 v. u. Z. begann Persien mit der Unterwerfung Ioniens. Milet konnte sich zwar eine Zeitlang durch Sonderverträge schützen, aber auf die Dauer wurde die Unterdrückung der ionischen Städte zu einem ökonomischen Problem, denn Milet wurde von seinen Tochterstädten am Schwarzen Meer abgeschnitten. Im Jahre 500 v. u. Z. kam es unter Führung Milets zum Aufstand. Der Kampf der ungleichen Gegner dauerte sechs Jahre. Dann wurde die miletische Flotte vernichtend geschlagen, die Stadt völlig zerstört. Einen Teil der Einwohner deportierte man nach Mesopotamien. Doch es schien eine Hoffnung für die Milesier zu geben: Athen. Athen gelang es tatsächlich einige Jahre später, den Vormarsch der Perser durch die Schlacht bei Marathon aufzuhalten. Damit regten sich in Milet wieder Kräfte, die auf einen Neuaufbau hofften. An den Überlegungen darüber nahm auch der junge Milesier Hippodamos teil. Er konnte von den großen politischen und ökonomischen Erfahrungen der Stadtväter profitieren, nahm an den Diskussionen über

die Lage der Märkte und die beste Anordnung der Wohnquartiere teil und tat sich schließlich durch die Ausarbei-
tung eines Planes für den Wiederaufbau der Stadt hervor.
Jedoch vergingen noch Jahre, bis sich nach der See-
schlacht von Salamis und dem Sieg am Mykalegebirge
auch eine Wende für die Stadt Milet abzeichnete. Jetzt
besaß Milet einen Plan, in dem die Erfahrungen der alten
Handelsmetropole und Mutterstadt vieler Tochterstädte
steckten, einen Plan, der nach modernsten Gesichtspunk-
ten eine Trennung der Stadt in verschiedene Zonen vorsah. Doch es sollten mehr als einhundert Jahre vergehen,
ehe die Großzügigkeit, Schönheit und Funktionstüchtig-
keit in allen Teilen sichtbar wurde. Die Stadtmitte wurde
nicht nur zum Handelszentrum, sondern überzeugte auch
durch die Schönheit ihrer Märkte. Die regelmäßig angelegten Wohnquartiere mit den dazwischen liegenden,
sich rechtwinklig kreuzenden Straßen brachten Ordnung
in das Gewirr der Gassen. Durch das große Theater und
das neue Stadion, die Gymnasien, Bäder und Tempel sowie durch das später errichtete berühmte Rathaus wurde
Milet zu einem Vorbild griechischer Stadtplanung und
Architektur. Hippodamos, der erste Stadtplaner, von dem
wir Kenntnis haben, wartete den Beginn der Bauarbeiten
in seiner Heimatstadt jedoch nicht ab, sondern reiste
nach Athen.

Athen war inzwischen zur führenden Seemacht unter
den griechischen Stadtstaaten geworden. Hippodamos
fand die Bewohner Athens beim eifrigen Wiederaufbau
ihrer Häuser und bei der Errichtung der Stadtmauern,
denn Athen war ebenfalls von den Persern zerstört worden. Während man die alte Stadt am Fuß der Akropolis
eilig nach der ursprünglichen Anlage mit gewundenen
Straßen und winkligen Gassen wieder aufbaute, erkannte
man bald, daß man mit dieser Art den großen Aufgaben,
die vor der Stadt lagen, kaum gerecht werden konnte. Einerseits erfüllte es die Athener mit Stolz, daß sie das
mehrfach überlegene Heer der Perser in die Flucht geschlagen hatten, andererseits hofften sie, daß sie die Führung unter den griechischen Städten behalten und aus-
bauen konnten. Mit der Gründung des attisch-delischen
Seebundes ließen sie sich diesen Führungsanspruch be-

stätigen. Er verpflichtete Athen, die anderen Städte im Angriffsfall zu verteidigen, die Mitglieder dagegen, Geldleistungen zu erbringen. Die Beitragszahlungen, die nun aus allen Richtungen flossen, sollten zunächst für die Ausstattung der Flotte verwendet werden. Aber bald wurden sie auch für den Ausbau der Stadt ausgegeben. Vor allem sollte Athen als Handels- und Hafenzentrum gestärkt werden, deshalb mußte der Hafen Piräus ausgebaut und erweitert werden.

Hippodamos von Milet legte noch einmal einen Plan vor. Die Hafenstadt Athens, Piräus, sollte durch eine Wohnstadt ergänzt werden. Sein Vorschlag überzeugte die Athener auf Grund seiner Großzügigkeit und Übersichtlichkeit. Auch Perikles, den Hippodamos zum Freund gewann, unterstützte diesen Plan. Wieder lag der Stadtanlage – wie schon in Milet – ein rechtwinkliges Straßensystem zugrunde, und wieder sparte man einzelne Wohnquartiere für große Märkte und öffentliche Gebäude aus.

Der große Hafen wurde so angelegt, daß er von der

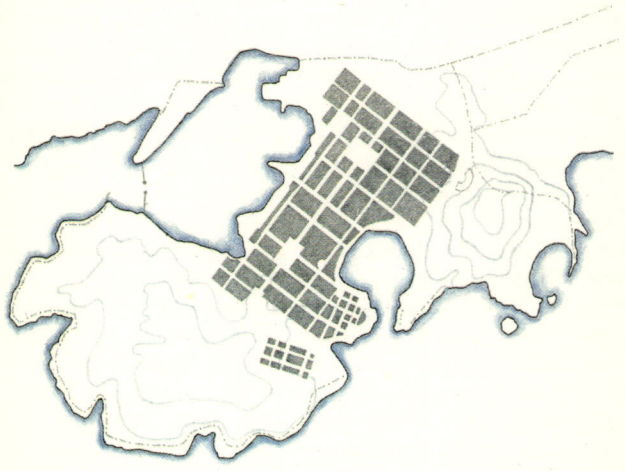

Stadtplan von Piräus. 1 – Berg Munychia; 2 – Hügel Akte; 3 – Hafen Piräus; – 4 Kantharos; 5 – Hafen Zea; 6 – Hafen Munychia; 7 – Hippodamischer Markt; 8 – ältere Siedlung; 9 – Theater; 10 – Emporion; 11 – Stadtmauern; 12 – lange Mauern

übrigen Stadt getrennt war. Dadurch konnte man für Waren, die im Hafen umgeladen wurden, eine Abgabe erheben. Waren, die die Stadt Piräus verließen und für Attika bestimmt waren, wurden verzollt.

Mit dieser Stadt am Meer entstand ein wirtschaftliches Zentrum, dessen Aufschwung von den großen Nachbarstaaten Athens, besonders von Sparta, mit großem Mißtrauen verfolgt wurde. Dieses Mißtrauen wurde noch verstärkt, als die Athener durch die Initiative von Themistokles mit dem Bau der großen Stadtmauern begannen. Die großen Mauern, die Athen und den Piräus verbinden sollten, schienen die Stadt zu einer uneinnehmbaren Seefestung zu machen. An der Nordseite zwischen beiden Städten, wo ein Angriff des alten Rivalen Sparta zu erwarten war, schützte man sich durch eine doppelte Mauer. Die weniger gefährdete Südseite, die sich der attischen Landschaft öffnete, erhielt nur eine einfache Mauer. Aus diesem Verteidigungskonzept läßt sich erkennen, daß die Athener im Kriegsfall eine Verteidigung auf dem Land ausschlossen. Die Bevölkerung Attikas sollte das Land aufgeben und sich in den Schutz der großen Mauern zurückziehen. Eine Entscheidungsschlacht – die man befürchtete oder vielleicht auch erhoffte – gedachte man durch die überlegene athenische Flotte herbeizuführen.

Aber noch kam es nicht zu kriegerischen Auseinandersetzungen; die Perser verzichteten auf weitere Angriffe. So flossen weiter große Mengen Geld nach Athen. Der Reichtum der Stadt war jetzt so groß, daß man an die Umgestaltung der Akropolis mit ihren Heiligtümern gehen konnte.

Mit dem Neuaufbau des Parthenontempels ließ man nicht nur das Heiligtum der Stadtgöttin neu erstehen, sondern schuf auch einen Ort für die Aufbewahrung des Bundesschatzes. Der Parthenontempel wurde aus pentelischem Marmor errichtet und erhielt rings um sein Heiligtum, die Cella, einen doppelten Säulenkranz. Dadurch wirkte der gewaltige Tempel leicht, und seine schönen Proportionen zeichneten sich klar gegen den Himmel ab. Im Innern des Tempels befand sich das Heiligtum der Stadtgöttin, der Athena Parthenos. Das 12 m hohe Standbild der Göttin war mit Gold und Elfenbein verkleidet und muß auf die Besucher des im Halbdunkel liegenden Raumes faszinierend gewirkt haben.

Als nächstes Gebäude errichtete man die Propyläen, das monumentale Tor zur Akropolis. Das dritte berühmte Bauwerk, das in dieser Zeit entstand, war das Erechtheion, das auf dem Bestand älterer Teile aufbaute. Es war dafür bestimmt, ein altes, hölzernes Kultbild der Athena aufzunehmen, und ist heute wegen seiner Korenhalle berühmt. Zwischen diesen Gebäuden befand sich die große Statue der Athena Promachos, die, ebenfalls mit Gold verkleidet, schon von weitem, selbst vom Meer aus, zu sehen war.

Der Reichtum Athens blieb auch für die anderen öffentlichen Gebäude nicht ohne Folgen. Ein Ratsgebäude, Festräume und Wandelgänge umgaben die Agora, den Marktplatz.

So standen sich in der 2. Hälfte des 5. Jh. v. u. Z. zwei Städte unterschiedlichen Charakters gegenüber: Athen und der Piräus; die eine Stadt alt und unmodern, Wohnort aristokratischer Familien, von der Akropolis gekrönt, berühmt durch ihre Schulen und Märkte, ihre Tempel und Philosophen, durch das Theater und seine Dichter. Die andere neu und modern, mit großem Markt, Werften, der Kriegsflotte und dem Hafen, ein Handels- und Wirtschaftszentrum.

Im Jahre 431 v. u. Z., während sich die Akropolis noch im Bau befand, begann der erwartete Krieg zwischen Sparta und Athen. Im zweiten Jahr des Krieges hielt Perikles zu Ehren der gefallenen Helden eine Rede, die vom Stolz seines Führers und vom Selbstbewußtsein der Athener zeugte. Thukydides, der die Rede aufschrieb, teilt uns mit: »Wir genießen eine Verfassung, die die Gesetzgebung anderer Staaten nicht nachahmt; im Gegenteil sind wir eher anderen ein Beispiel... Von der Arbeit bieten wir dem Geist vielerlei Erholung in Kampfspielen und Opferfesten, die über das Jahr hin gesetzlich angeordnet sind, nicht minder aber in gefälligen öffentlichen Bauten zum allgemeinen Gebrauch. Es kommt uns zugute, zukünftiger Leiden wegen uns nicht im voraus zu sorgen und, wenn sie da sind, uns nicht mutloser als ewig Ab-

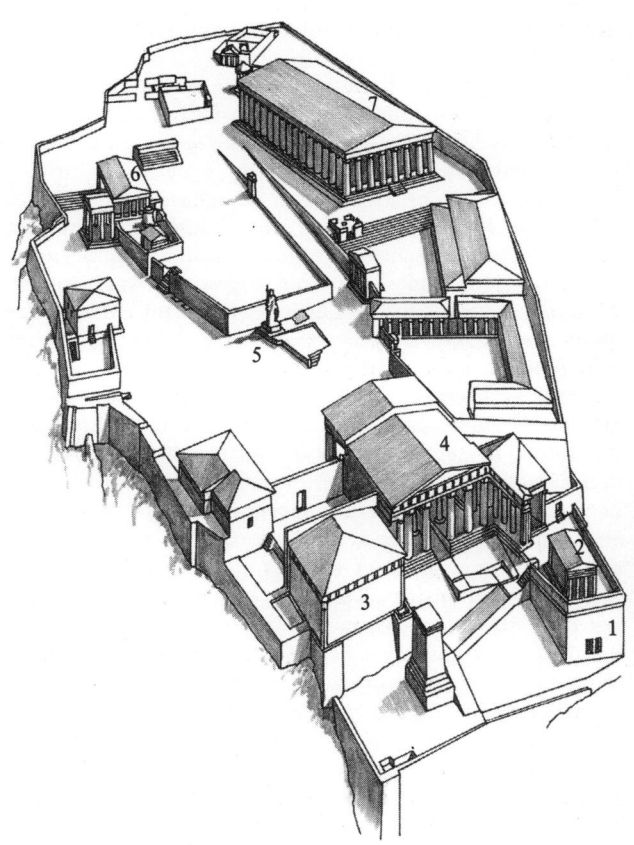

Rekonstruktion der Akropolis von Athen. 1 – Bastion; 2 – Tempel der Athena Nike; 3 – Pinakothek; 4 – Propyläen; 5 – Statue der Athena Promachos; 6 – Erechtheion; 7 – Parthenon

marternde zu zeigen. Hierin ist die Stadt der Bewunderung würdig; aber nicht minder in anderem, denn wir sind Freunde des Schönen im Maße des Rechten und Freunde der Weisheit, ohne der Weichheit zu verfallen. Indem ich alles zusammenfasse, sage ich, daß unsere Stadt im Großen eine hohe Schule für ganz Griechenland ist und daß im Einzelnen jeder von uns vollkommen für jegliches Tun mit Anmut und sicher menschlich sich bewähren wird.«

Doch dieser Stolz sollte nicht lange andauern. Im darauffolgenden Jahr raffte die Pest ein Drittel der Bevölkerung Athens hinweg. Auch Perikles erlag ihr. Eine Generation später verlor Athen nach einem 27jährigen Bruderkrieg die Vorherrschaft in Griechenland.

Daß die Erkenntnisse über den Städtebau nicht nur den Politikern, Architekten und Stadtplanern bekannt waren, sondern bald Allgemeingut geworden sind, wissen wir aus der Schrift »Über Luft-, Wasser- und Ortsverhältnisse« des Arztes Hippokrates. Dort heißt es: »Folglich muß jemand, wenn er in eine Stadt kommt, ihre Lage bei seinen Überlegungen berücksichtigen, und zwar, wie sie zu den Winden und zum Sonnenaufgang gelegen ist; denn nicht dieselben Wirkungen verursacht die Stadt, die dem Nordwind und die dem Südwind, die der aufgehenden Sonne und die der untergehenden zu gelegen ist... auch was die Gewässer betrifft, wie sie sich verhalten, ob man dort sumpfiges oder weiches oder hartes, aus höher gelegenen und felsigen Regionen kommendes oder salziges oder schwer verdauliches Wasser verwendet. Auch den Erdboden muß man berücksichtigen, ob er kahl und wasserarm oder dicht bewachsen und wasserreich ist, ob er sich in einer Senke befindet und es dort stickig ist, oder ob er hoch gelegen und es dort kühl ist.«

Im 4. und 3. Jh. v. u. Z. erholte sich Griechenland wirtschaftlich. Die griechischen Städte konnten weiter ausgebaut werden, Wasserleitungen wurden bis in das Stadtinnere geführt, öffentliche Brunnen versorgten die Bevölkerung mit Wasser, Gymnasien wurden prachtvoll ausgestattet, die Theater vergrößert, Stadien errichtet und die Märkte mit Säulenhallen geschmückt. Auch die Verteidigungsanlagen wurden verstärkt und neuen strategischen Anforderungen angepaßt. Sie mußten jetzt den Geschossen von Angriffsmaschinen standhalten und wurden mit Türmen und Ausfalltoren versehen.

In den Ländern, die am Ende des 4. Jh. v. u. Z. durch Alexander den Großen erobert worden waren, entstanden neue Städte nach griechischem Vorbild. So wurde in Mesopotamien, am Euphrat, Dura-Europos gegründet, eine regelmäßig angelegte Stadt mit dem hippodamischen System der Straßen und einem zentral gelegenen Marktplatz. In Ägypten wurde – noch durch Alexander – die Stadt Alexandria gegründet, die ebenfalls schnell wuchs und die zur Hauptstadt des späteren Ptolemäerreiches wurde.

In den letzten Jahrhunderten v. u. Z. führten Kriege zur Aufteilung in immer neue Herrschaftsgebiete, bis von Westen her das Römische Imperium einen steigenden Einfluß auf die östliche Mittelmeerwelt nahm.

Rom und die Städte seines Imperiums

Während die politische Entwicklung Griechenlands durch einen Polyzentrismus gekennzeichnet war, der erst durch Alexander den Großen wirklich überwunden wurde, ging die Entwicklung des Römischen Reiches einen völlig anderen Weg. Rom war von Anfang an Zentrum der Macht, die bis in die Kaiserzeit immer wieder umkämpft und umstritten war, nie aber wirklich in Frage stand.

Am Beginn seiner Entwicklung sah sich Rom zwei Kulturen ausgesetzt, denen es weder an Expansionswillen noch an einer reichen Tradition mangelte. Im Norden war es Etrurien, das im 6. Jh. v. u. Z. seine Blüte erlebte; im Süden breitete sich schon seit dem 8. Jh. v. u. Z. die Kultur Griechenlands aus – besonders durch Kolonisation der Küstenstädte auf der Apenninenhalbinsel und auf Sizilien. Zwischen diesen beiden Einflußsphären zogen sich die Auseinandersetzungen Roms und seiner Nachbarstädte zunächst endlos hin, bis es gelang, die fremden Kulturen zurückzudrängen, die ursprünglichen italischen Stämme zu unterdrücken und die Vorherrschaft auf der gesamten Halbinsel zu erringen. Seine militärische Überlegenheit führte schließlich dazu, daß Rom im Verlauf einiger Jahrhunderte den ganzen Mittelmeerraum unter seine Herrschaft zwang und später auch das nordwestliche Europa zu seinem Einflußgebiet zählen konnte.

Wie wirkte sich dieser Einfluß auf den römischen Städtebau aus? Kann man überhaupt bei den älteren schon vorgefundenen Kulturen von einer eigenen Entwicklung im Städtebau sprechen? Römischer Städtebau ist ohne die Hauptstadt nicht denkbar. So erscheint es zunächst notwendig, auf die Entstehung und Entwicklung Roms einzugehen.

Es ist schwierig, wenn nicht unmöglich, die Stadt Rom mit wenigen Strichen zu skizzieren. So soll die Stadt nach Plutarch ursprünglich kreisförmig angelegt worden sein, nach einer anderen Gründungssage soll ihr ein Rechteckschema zugrunde gelegen haben; beide Geschichten sind viele Jahrhunderte, wenn nicht ein Jahrtausend nach der Besiedlung entstanden und dürften deshalb mehr der Verherrlichung der römischen Geschichte dienen als der sachlichen Information. Die heutige Forschung stellt nüchtern fest, daß in der Gegend Besiedlungsspuren aus dem 10. Jh. v. u. Z. zu finden sind, daß im 8. Jh. v. u. Z. schon drei der sieben Hügel Roms besiedelt waren und daß der Ort seit etwa 600 v. u. Z. als Stadt angesehen werden kann. Anfang des 4. Jh. v. u. Z. errichtete man nach dem Einfall der Gallier die erste große geschlossene Stadtmauer, die im 1. Jh. v. u. Z. erneuert wurde. In den ersten Jahrhunderten nach der Zeitenwende wuchs die Stadt weit über ihre alten Grenzen hinaus. Thermen und Stadien, Theater und Tempel, Gärten und Paläste und natürlich auch die Wohnviertel benötigten viel Platz. Kaiser Aurelian ließ die Stadt, besonders zum Schutz vor den Alemannen, zwischen 270 und 275 noch einmal mit einer Mauer von fast 19 km umgürten. 380 Türme im Abstand von jeweils 100 römischen Fuß (29,6 m) sicherten die Stadt hervorragend.

Der älteste Teil Roms liegt an einer Biegung des Tibers, an einer Stelle, an der schon seit Urzeiten eine Insel das Überqueren des Flusses erleichterte. Am linken Ufer des hier von Norden nach Süden fließenden Flusses finden wir die sieben Hügel Roms. Zuerst zwischen ihnen, später auch auf ihnen errichteten die Römer ihre Wohnhäuser und öffentlichen Bauten. An der tiefsten Stelle liegt der Hauptmarkt der Stadt, das Forum Romanum. Hier zog sich ursprünglich ein kleines feuchtes Tal hin, das das Regenwasser der umliegenden Berge auf-

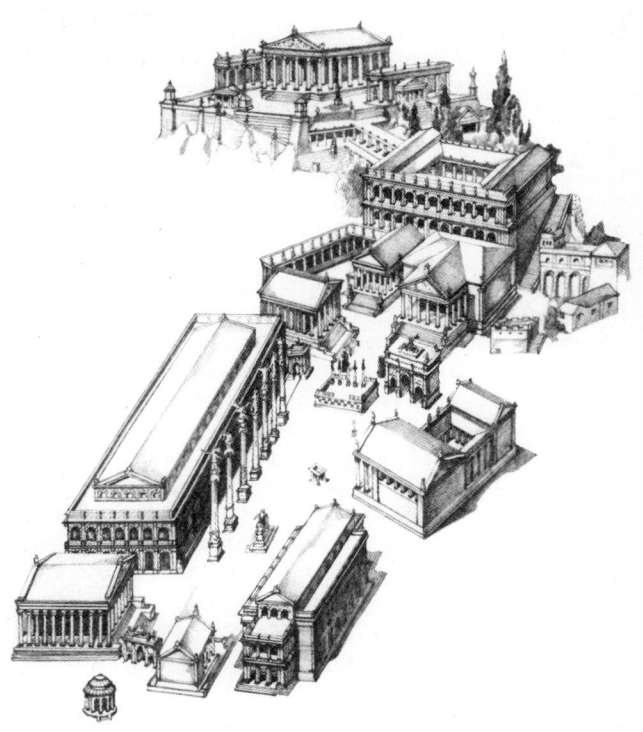

Forum Romanum und Kapitol im Rom der Kaiserzeit (Rekonstruktion)

nahm. Ein Bach durchquerte die Niederung und floß zwischen dem Palatin und dem Kapitol dem Tiber zu. Schon im 6. Jh. v. u. Z. kanalisierte man ihn, um das Tal trockenzulegen und zu bebauen. Später versah man ihn mit einem Gewölbe, so daß er die Platzgestaltung des Marktes nicht mehr störte.

Als Zentrum der Stadt nahm das Forum Romanum nicht nur die wichtigsten Tempel auf, sondern auch eine Reihe anderer Bauten, die die Bedeutung der Stadt widerspiegelten. Für die vielfältigen neuen Aufgaben der aufstrebenden und erfolgreichen Stadt, besonders für Handel und Gericht, entstand am Forum Romanum ein neuer Gebäudetyp, der bisher ohne Vorbild war – die Basilika.

Das erste Gebäude dieser Art wurde 184 v. u. Z. erbaut, ein zweites, die Basilika Aemilia, nur wenige Jahre später. Die Basilika Aemilia, eine große mehrschiffige Halle, der zum Forum hin Läden und eine große Säulenhalle vorgelagert waren, nahm fast die ganze Nordseite des Forums ein. Auch an der Südseite befand sich ursprünglich eine kleinere Basilika, die Caesar aber durch ein neues prachtvolles fünfschiffiges Gebäude gleicher Art ersetzen ließ.

Als wichtigstes Gebäude des Marktes galt die Kurie. Sie befand sich an der Nordwestecke des Platzes. Hier versammelten sich in der Königszeit die Vertreter der Gentes. Während der römischen Republik galt die Kurie als das politische Zentrum, als ein Ort der Rechtsprechung und der Rechtsbildung.

Von gleicher Bedeutung wie die Basiliken waren die Tempel für die Gestaltung des Forums. Der älteste Tempel, der Janustempel, läßt sich heute nicht mehr mit Sicherheit nachweisen. Seine Pforten schloß man nur in Friedenszeiten – und das war so selten, daß es als historisches Ereignis galt. Zwei weitere Tempel lagen an der Westseite des im Grundriß trapezförmigen Marktes, einer unter Vespasian errichtet und nach ihm benannt, ein zweiter Concordiatempel geheißen. Auch die von Caesar errichtete Basilika wurde von zwei typisch römischen Tempeln eingerahmt. Beide standen auf einem hohen Podium, eine tiefe Vorhalle war dem Innenraum vorgelagert. Caesar ließ außerdem die Rostra, die Rednertribüne, verlegen, so daß das Forum eine tiefgreifende Umgestaltung erfuhr. Die prachtvollen Fassaden der Basiliken an den beiden Längsseiten, die vielen Standbilder verdienter Konsuln und seine betonte Längsachse verliehen dem etwa 200 m × 400 m großen Platz Festlichkeit und Würde.

Die Kaiserforen von Rom. 1 – Tempel des Trajan; 2 – Bibliotheken; 3 – Basilika Ulpia; 4 – Forum des Trajan; 5 – Tempel des Mars Ultor; 6 – Forum des Augustus; 7 – Tempel der Venus Genetrix; 8 – Forum Julium; 9 – Tempel der Minerva; 10 – Forum des Nerva; 11 – Tempel der Pax; 12 – Heiligtum der Pax; 13 – Basilika Aemilia; 14 – Tempel des Antoninus und der Faustina

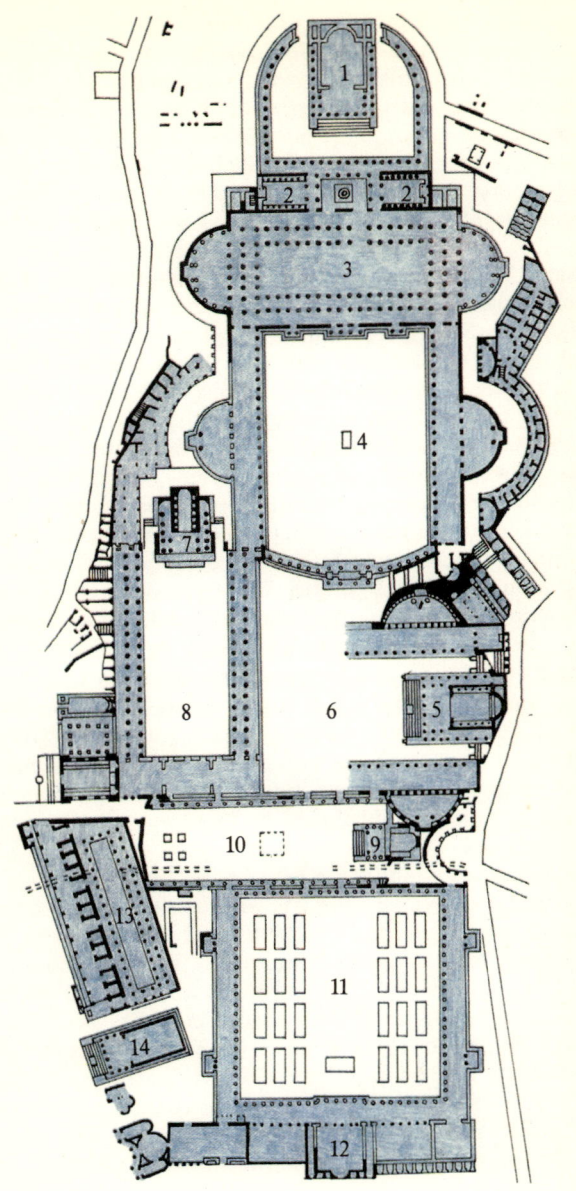

Das Forum Romanum galt als Zentrum der Stadt. So kann man sich gut vorstellen, daß es am Vormittag von geschäftigem Treiben, Handel, Geschwätz und Müßiggängertum erfüllt war. Gegen zwei Uhr mittags, wenn die wichtigsten Versammlungen beendet und die Geschäfte erledigt waren, leerte sich der Platz langsam. Am Abend jedoch traf sich hier das Volk von Rom wieder, um sich dem Vergnügen hinzugeben.

Aber Roms Bürger legten nicht nur bei ihrem Hauptmarkt Wert auf eine repräsentative Gestaltung. Eine andere Seite römischer Prachtentfaltung stellen die in der Nähe des Forums Romanum gelegenen Kaiserforen dar. Sie vermitteln uns eine Vorstellung von dem monumentalen Bauempfinden der frühen Kaiserzeit. In nur gut 150 Jahren entstand hier eine Folge von geschlossenen Plätzen, die das Selbstbewußtsein und die Prunksucht der Kaiser widerspiegeln. Auch an dieser Anlage wirkte Julius Caesar entscheidend mit, denn er ließ den Grundstein für diese großartige Platzfolge legen. Als Caesar im Jahre 46 v. u. Z. seine Siege über Spanien, Makedonien, Ägypten und Afrika feierte, konnte er das neue Forum einweihen. Seinem Tempel, dem ersten dieser weiträumigen Anlage, gab er den Namen der Venus Genetrix, als deren Nachkommen sich die Julier betrachteten. In diesem Forum, später Caesarforum genannt, stand der Tempel an der Rückseite eines von Säulen umgrenzten Hofes. Der Blick des Besuchers wurde so an den seitlich gelegenen Säulenhallen entlang auf den auf einem hohen Podium stehenden Tempel gelenkt. Das Innere des Tempels war mit kostbaren Gemälden und den Standbildern der Venus Genetrix und der Kleopatra geschmückt.

Im rechten Winkel zum Caesarforum ließ Kaiser Augustus ein zweites Forum errichten. Drei weitere Foren, das Nervaforum, das Friedensforum des Kaisers Vespasian und das Trajansforum, kamen in den folgenden Jahrzehnten hinzu. Von besonderer Pracht muß das zuletzt gebaute Forum des Kaisers Trajan gewesen sein. Es gehörte mit seiner großen Basilika Ulpia, der Trajanssäule, zwei Bibliotheken und dem eigentlichen Tempel zu den berühmtesten Bauten römischer Baukunst.

Die Konzentration dieser prachtvollen Gebäude im

Zentrum der Stadt ließ die Bedeutung anderer öffentlicher Bauten etwas in den Hintergrund treten, vielleicht auch deshalb, weil sie im Gewirr der römischen Straßen und Gassen weniger sichtbar waren. Aber sie spielten im Leben der Römer eine wichtige Rolle, besonders an den zahlreichen Festtagen. Vor allem die Theater zogen Tausende von Römern an. Dieser Gebäudetyp unterscheidet sich wesentlich von griechischen Anlagen dieser Art. Während die Griechen ihre Theater am Stadtrand erbauten – das Dionysostheater in Athen bildet hier eine Ausnahme – und einen natürlichen Hang für das Zuschauerrund nutzten, errichteten die Römer ihre Theater inmitten der Stadt. Den Gebäuden liegt eine einfache geometrische Form zugrunde. Das Zuschauerrund wurde im Grundriß aus einem Kreisausschnitt oder einer Ellipse gebildet. Über diesem Grundriß erhoben sich die bis zu 20 m hohen Zuschauerränge. Das älteste steinerne Theater war das 55 v. u. Z. errichtete Pompejustheater. Das größte Theater der Stadt, ja sogar der ganzen antiken Welt besaß Rom mit dem Circus Maximus. Es lag am Fuß des Palatins und faßte etwa 250 000 Menschen. Die Ränge des Kolosseums konnten 85 000 Menschen aufnehmen.

Von nicht geringerer Bedeutung waren den Römern die Thermen. In ihnen entwickelten sie eine bis dahin ungeahnte und auch heute noch nicht erreichte Badekultur. Die drei größten Thermen – die Trajansthermen, die Caracallathermen und die Diokletiansthermen – stammen, wie die Namen der Erbauer erkennen lassen, aus dem 2. und 3. Jh. Sie prägten durch ihre Größe und ihre markante Form den Stadtgrundriß nachdrücklich, ohne jedoch eine repräsentative Zuordnung zum Straßennetz erkennen zu lassen. Die großen, mehr als 100 000 m² umfassenden Flächen nahmen zwei unabhängige Baukörper auf; ein Umfassungsgebäude bildete die äußere Begrenzung der Anlage und rahmte das eigentliche Thermengebäude ein, das unter anderem aus den Wandelhallen, dem Schwitzraum und dem Kaltwasserbad bestand. In Rom gab es außer diesen drei großen Anlagen acht weitere, etwas kleinere Thermen. Sie mußten allerdings aus Platzmangel auf das Umfassungsgebäude verzichten.

Zur Zeit des Kaisers Konstantin gab es außerdem 856 private Thermen, 1150 Brunnen und Wasserbecken und fünf weitere große künstliche Wasserbecken, in denen Seewettkämpfe, sogenannte Naumachien, stattfanden. Woher kamen nun die ungeheuren Wassermengen, und mit welchen Mitteln gelang es den Römern, fast jeden Punkt in der Stadt mit Wasser zu versorgen?

Rom verfügte in der Spätantike über 19 Hauptwasserleitungen. Der größte Teil des Wassers wurde aus den Albaner- und Sabinerbergen in die Stadt geführt. Über die Aquädukte – die älteste Wasserleitung wurde schon am Ende des 4. Jh. v. u. Z. gebaut – flossen täglich 1,3 Mill. m^3 Wasser in die Stadt. Sie versorgten die Römer nicht nur mit Wasser für ihren täglichen Bedarf, sondern brachten ihnen auch Erholung und Vergnügen. Der ungeheure technische Aufwand läßt sich schon daran erkennen, daß die längste Wasserleitung 87 km lang war; für sie mußten Aquädukte mit einer Gesamtlänge von 13 km errichtet werden.

Von den öffentlichen Bauten konnten hier nur die wichtigsten aufgezählt werden. Wie aber lebten die Römer in ihren Privathäusern, und welche sozialen Strukturen lassen sich erkennen?

Im alten Rom unterschied man drei verschiedene Typen von Wohnhäusern – das Privathaus (domus), das Mietshaus (insula) und den Palast. Die Privathäuser weisen eine gewisse Ähnlichkeit mit den griechischen Wohnhäusern auf. Allerdings schrumpfte der Innenhof des griechischen Hauses zu einer verhältnismäßig kleinen Öffnung im Dach zusammen, die den darunterliegenden Hauptwohnraum erhellte. In der Mitte dieses Raumes befand sich ein Wasserbecken, Impluvium genannt, das der Größe der Dachöffnung entsprach. Im rückwärtigen Teil des Hauses erstreckte sich das sogenannte Peristyl, ein Gartenhof, der von einem Säulengang umgeben war. Die Zahl dieser Häuser war – verglichen mit der Gesamtzahl der Häuser – nicht besonders groß. Eine Erfassung zur Zeit des Kaisers Konstantin ergab 1 790 Stück. Wesentlich größer dagegen war die Zahl der Mietskasernen. Bei der bereits erwähnten Erfassung zählte man 46 602 insulae. Sie besaßen zumeist drei bis fünf Geschosse. Im Erd-

Innenansicht einer Thermenanlage (Rekonstruktion)

geschoß beherbergten sie Läden, Gaststätten und Werkstätten. Über dem hohen Erdgeschoß war ein niedriges Zwischengeschoß eingeschoben; darüber befanden sich die Wohngeschosse mit jeweils mehr als 4 m Höhe. Da in Rom ständig Wohnungsnot herrschte, nutzten die Hausbesitzer diesen Mangel aus und vermieteten die Häuser an möglichst viele Parteien. Um ihre Gewinne zu erhöhen, stockten sie die Häuser später durch weitere Wohngeschosse auf und vernachlässigten ihre Erhaltung. Dies hatte zur Folge, daß immer wieder Häuser einstürzten oder aber – begünstigt durch die leichte Bauweise – Opfer von Bränden wurden. Eine Verfügung des Kaisers Augustus schränkte deshalb die Höhe der Häuser auf 70 römische Fuß (20,6 m) ein.

Erst der große Brand von Rom unter Kaiser Nero und ein weiterer Brand fünf Jahre später bewirkten eine Veränderung der Stadtstruktur. Nach den verheerenden Zerstörungen, bei denen 10 der 14 Stadtdistrikte vernichtet worden waren, konnte man darangehen, das unregelmäßige Gewirr der Gassen durch planmäßig angelegte Straßen und Plätze zu ersetzen. Einer der Nutznießer dieses Brandes war Nero selbst. Da sein eigener Palast ebenfalls ein Opfer der Flammen geworden war, ließ er sich mitten in der Stadt einen größeren Palast – eingebettet in eine schöne Landschaft mit Baumgruppen und Teichen – anlegen. Dieser dritte Typ von Wohnhäusern – der Palast – stellt einen großen Gegensatz besonders zu den insulae dar. Prachtvoll ausgestattet, mit jedem erdenklichen Komfort versehen, umgeben von Gärten, sind sie zu einem Sinnbild von städtischem Luxus geworden.

Die unterschiedliche Verteilung des Wohnraumes – der überwiegende Teil der Bevölkerung lebte in Miethäusern, eine kleine Minderheit in den domi oder Palästen – spiegelt die soziale Struktur einer Gesellschaft wider, in der der Luxus der herrschenden Klasse auf der Armut vieler Abhängiger und Sklaven beruhte.

Die Stadt Rom muß auf den Außenstehenden einen verwirrenden Eindruck gemacht haben. Betrat ein Fremder die Stadt durch eines der Tore der aurelianischen Mauer, so befand er sich schon nach wenigen hundert Metern im engen Gewühl des unregelmäßig verlaufenden Straßennetzes. Die Straßen führten über die sieben Hügel und um sie herum, erweiterten sich zu kleinen Plätzen und verengten sich zu schmalen Gassen. Die hohen Wände der Thermen, die mächtigen Säulen der öffentlichen Bauten, die Dichte der Wohnhäuser wirkten erdrückend auf den Besucher. Wie konnte eine solche Stadt Hauptstadt und Zentrale eines Imperiums sein, das Jahrhunderte überdauerte?

Sicherlich lagen die Ursachen nicht nur in einer Bevorrechtung der römischen Bürger und in der Vergabe von Land an die Soldaten, sondern auch in dem römischen Organisationstalent, das an dem gut geschulten Heer sichtbar wird. Aber auch die Städte und ihre Anlagen sowie ihre hervorragenden Verbindungen untereinander trugen wesentlich zu den römischen Erfolgen bei.

Das römische Straßennetz, das strahlenförmig von der Hauptstadt ausging, überzog nicht nur die Apenninenhalbinsel, sondern auch das ganze südliche und westliche Europa. Mit einer Gesamtlänge von 90 000 km begünstigte es die Ausweitung des Handels, die Übermittlung von Nachrichten und den Transport der Truppen.

Auch im Städtebau – hier allerdings nur in den Provinzen – zeigt sich ein Ordnungsdenken, das den Römern die Verwaltung und innere Organisation ihrer Städte erleichterte. Die Städte hatten sich vielfach aus dem Castrum – dem römischen Militärlager – entwickelt. Das Castrum, ursprünglich das täglich aufgeschlagene Lager römischer Legionäre, trug durch seine hervorragende Organisation wesentlich zu den militärischen Erfolgen der Römer bei. Wollte man die errungene Position sichern, so wurde es zu einem ständigen Quartier erklärt. Seine leichte Begrenzung sicherte man durch eine feste Mauer,

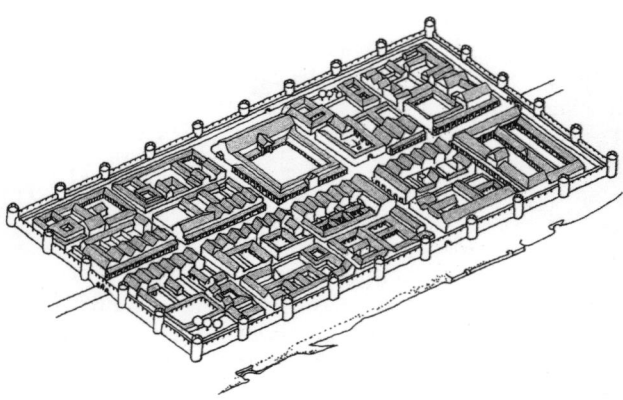

Castrum, römisches Militärlager, der Ausgangspunkt für viele römische Städte; hier Boppard am Rhein

Anlage und Größe wurden zunächst beibehalten. Die für das Castrum typische Teilung der Fläche durch zwei Hauptstraßen und eine Reihe von Nebenstraßen blieb bestehen, so daß hierdurch die Einteilung in Wohnquartiere vorgenommen werden konnte. So entwickelten sich die sich kreuzenden Hauptstraßen – die von Norden nach Süden verlaufende Straße wurde »cardo« und die von Osten nach Westen verlaufende »decumanus« genannt – zu einem wesentlichen Element der neuentstehenden Städte. Der Markt, am Schnittpunkt der beiden Achsen gelegen, und die vier Tore an den Enden der Straßen blieben markante Punkte in der Stadtgestalt.

Diese Grundstruktur einer Stadtanlage ist heute noch in den Zentren vieler europäischer Städte erkennbar. Trier und Köln, Turin und Florenz, Verona und Lucca bewahrten bis ins Mittelalter ihre römische Stadtstruktur. Luftaufnahmen dieser Städte lassen noch heute in dem feinen Adernetz der Straßen das festgeprägte Rechteckschema einer römischen Gründung erkennen.

Daß alle diese Städte auch im Innern die Elemente des römischen Städtebaus zeigen, wie wir sie aus Rom mit seinen Märkten, Tempeln, Thermen und Theatern kennen, ließ sich erst durch archäologische Ausgrabungen nachweisen. Besonders in Nordafrika haben wir mit den Städten Timgad und Leptis Magna hervorragende Beispiele für den römischen Städtebau. Aber auch in Ostia, der Hafenstadt Roms, finden wir alle charakteristischen Züge der römischen Stadtentwicklung. Für das Leben in der Stadt und die Funktion einzelner Gebäude bietet uns Pompeji das beste Bild. Pompeji – wesentlich älter als die römischen Gründungen – ist ein Beispiel dafür, daß ein Stadtgrundriß nicht immer leicht lesbar ist. Er spiegelt einen komplizierten Entwicklungsprozeß wider, der ursprüngliche, griechische und römische Elemente erkennen läßt.

Pompeji soll uns als Beispiel dienen, um einen Einblick in das Leben einer römischen Stadt zu erhalten.

Die Stadt bot am Ende der republikanischen Zeit und zu Beginn der Kaiserzeit ein Bild des Wohlstandes und wurde zu einem Anziehungspunkt für die Bewohner der benachbarten Städte sowie der Landbewohner. Handel,

Wanddekoration mit Architekturpanorama in einer pompejanischen Villa

Handwerk und Fremdenverkehr blühten. Mindestens 170 Werkstätten stellten Möbel, Geschirr, Schmuck, Schuhe und Kleidung her; allein 38 Betriebe verarbeiteten Wolle. Über 600 Läden boten Waren an, die in der Stadt produziert oder aus der Nähe oder Ferne eingeführt worden waren. Für die Versorgung mit Brot sorgten 31 Bäckereien, 20 von ihnen betrieben eine oder mehrere Mühlen; 19 Herbergen, 23 Freudenhäuser und 21 Lokale verschiedener Innungen, dazu eine Vielzahl von Gaststätten weisen auf eine große Zahl von Besuchern und Fremden hin.

Aber nicht nur in wirtschaftlicher Hinsicht besaß die Stadt für das Umland große Bedeutung. Allein neun Tempel innerhalb des Stadtgebietes und einige in seiner näheren Umgebung lassen darauf schließen, daß es eine lebhafte Beteiligung an den verschiedenen Kulten gab. Zwei Theater, das größere mit etwa 5000 Sitzplätzen, das kleinere, überdachte mit 1 500 Plätzen, stellten einen Anziehungspunkt im kulturellen Leben der Stadt dar. Die größte Anziehungskraft übte jedoch offenbar das Amphitheater mit seinen 20 000 Plätzen aus. Es konnte nicht nur die Schaulustigen und Neugierigen Pompejis, sondern auch viele Bewohner benachbarter Orte aufnehmen.

Das pulsierende Leben erhielt einen ersten furchtbaren Schlag, als Pompeji im Jahre 62 von einem starken Erdbeben heimgesucht wurde. Siebzehn Jahre später, als der Vesuv ausbrach, ereilte die Stadt ihr tödliches Schicksal. Sie wurde unter Lavamassen begraben. Dieser Katastrophe jedoch verdanken wir heute aufschlußreiches Material über das Leben in einer römischen Stadt.

Die Städte des Mittelalters

Es war vielleicht nur ein Zufall, daß im 6. Jh. zwei Ereignisse, die das Ende einer Epoche und den Beginn einer neuen symbolisieren, in dasselbe Jahr fielen. Im Jahre 529 ließ Kaiser Justinian die Schule der Weisheit in Athen schließen, und im selben Jahr gründete Benedikt auf dem Monte Cassino an der alten Heerstraße von Rom nach Neapel eine Abtei, in der die Mönche nach einer festen Regel lebten. Das Zusammentreffen dieser Ereignisse setzt ein Zeichen für den Untergang der antiken Welt und kündet gleichzeitig vom Beginn des christlichen Mittelalters, das knapp ein Jahrtausend Bestand haben sollte.

Der Niedergang der Antike muß als ein Prozeß verstanden werden, der schon im 3. Jh. begonnen hatte und der sich über einen längeren Zeitraum hinzog. Die Teilung des Römischen Reiches, das Einströmen fremder Völkerschaften, der Niedergang der Städte und die wachsende Bedeutung des Großgrundbesitzes waren Zeichen dieses Verfalls. Vielen Bewohnern der Städte gewährleistete nur die Flucht auf das Land ihre Existenz.

Erst am Ende des 1. Jahrtausends erholten sich Wirtschaft und Kultur wieder. In verhältnismäßig kurzer Zeit griff der Aufschwung auch auf Mittel- und Nordeuropa über und bewirkte die Gründung und den Bau zahlreicher Städte. In diesen Städten haben sich trotz Kriegen, Bränden und Verfalls zwei Elemente erhalten: die die Stadt beherrschenden geistlichen und weltlichen Bauten und die Anlage eines Straßennetzes.

Wie kam es zu diesem Aufleben des Städtebaus?

Eine der Ursachen ist die Konsolidierung ethnischer Gruppen im nördlichen und östlichen Randgebiet des ehemaligen Römischen Reiches, so bei den Galliern, den Kelten, den Germanen und Slawen. Zum anderen wuchs die Bevölkerung zwischen 950 und 1350 auf das Zweieinhalbfache. Außerdem kam es zu Veränderungen in der ökonomischen Struktur, besonders die landwirtschaftlichen Techniken wurden verbessert. Die Wiederentdekkung der Seewege förderte den Handel und verlieh den Küstenstädten eine wachsende Bedeutung. Schließlich gewann auch das Christentum zunehmend an Einfluß. Es war zunächst von den Römern unterdrückt, schließlich aber anerkannt worden und löste sich aus diesen Bindungen. Im europäischen Mittelalter wurde es in der Einheit von Staat und Religion zu einem bestimmenden Faktor.

Vor diesem Hintergrund lassen sich vier Hauptmotive für die Entstehung und Entwicklung von Städten finden. Die Städte bauten auf römischen Gründungen auf, entwickelten sich als Zentren mit Markt in einem landwirtschaftlich genutzten Gebiet, entstanden neben Burgen oder geistlichen Zentren oder wurden in Kolonisationsgebieten gegründet. Häufig überlagerten sich die Motive für die Gründung einer Stadt.

In West- und Südeuropa entstand eine Vielzahl von

Städten auf den Resten römischer Stadtanlagen. Ihre Ruinen boten reichlich Baumaterial, ihre Straßen ließen sich zum Teil noch nutzen, und ihr Standort hatte sich schon in früheren Jahrhunderten bewährt. In der Architektur dieser Städte spiegelten sich die Erfahrungen aus der Vergangenheit kaum wider. Die ökonomische Kraft der neuen Bewohner war zu schwach, um die Größe der Gebäude und ihre Formen wieder aufleben zu lassen. Ja, die Stadtflächen schienen oft zu groß, um von der geringen Zahl der Einwohner verteidigt werden zu können. So teilte oder verkleinerte man die Stadt, bis Größe und Verteidigungsfähigkeit in einem realistischen Verhältnis standen. Besonders deutlich läßt sich diese Entwicklung nachvollziehen, wenn sich Städte aus dem römischen Castrum entwickelt hatten, so Regensburg, Augsburg, Speyer, Mainz, Trier und Konstanz; Florenz, Bologna

Köln; Woensamprospekt von 1531 (Ausschnitt)

und Verona; Nimes, Orleans, Lyon und Besançon sowie Split (Spalato), dessen ehemaliger Palast des Kaisers Diokletian eine ganze Stadt aufnahm. Während in Trier und Augsburg die Fläche der römischen Stadt nur zum Teil besiedelt wurde, wuchsen andere Städte, wie z. B. Köln und Straßburg, im Mittelalter weit über ihre ehemaligen Grenzen hinaus.

Eine zweite Entwicklung zeichnete sich in Gebieten ab, die außerhalb des römischen Imperiums lagen. Es waren kleine Orte, die aus Dörfern oder Marktflecken entstanden waren und deren Entwicklung deshalb beschleunigt vor sich ging, weil sich in ihrer Nähe fruchtbares Land befand, das Überschüsse lieferte, vielleicht auch, weil Fischfang leicht möglich war oder begehrte Bodenschätze in der Nähe gefunden worden waren. Günstig wirkte es sich auch aus, wenn Flüsse dem Ort einen gewissen Schutz boten, wenn durch Pässe oder Täler der Ort einen besonderen strategischen Wert erhielt oder wenn er an Handels- oder Verkehrsstraßen lag. Trafen einige dieser Bedingungen zu, so entstanden bald Städte, die mehr als die regionale Bedeutung eines Marktfleckens hatten. Aachen, Münster und Paderborn bieten uns dafür Beispiele. Diese Städte zeigten im Gegensatz zu den Städten auf römischer Grundlage eine völlig andere Struktur. Sie verfügten niemals über eine rechteckige Stadtanlage und besaßen keine parallel verlaufenden Straßen, sondern waren durch die Weggabelung einer Handelsstraße, durch die unregelmäßige Form eines Marktplatzes und durch ein organisch gewachsenes Straßennetz gekennzeichnet. Ihre äußere Gestalt wurde in erster Linie von den topographischen Gegebenheiten und den taktischen Überlegungen der Verteidigung bestimmt und nahm daher eine unregelmäßige Form an.

Um die Wende des 1. Jahrtausends, zur Zeit der ottonischen Kaiser, kam es zu einem ersten Aufschwung der Städte. Viele von ihnen waren nun mehr als ein Marktflecken und bekamen überregionale Bedeutung. In dieser Zeit zählte man im deutschen Sprachraum schon 40 Bischofsstädte und 20 Klosterstädte; dazu kamen noch 60 königliche Burgstädte, von denen 12 Pfalzstädte waren. Zu letzteren gehörten Ulm, Nürnberg, Frankfurt, Goslar,

Ansicht von Siena (Ausschnitt)

Mühlhausen, Aachen u. a. Stadtgestalt und Stadtgröße
wurden von der Nachbarschaft einer Burg beeinflußt und
geprägt. Stadt und Burg bzw. Bischofssitz standen sich in
unterschiedlicher Größe und Bauart gegenüber. Die gut
befestigte Burg lag zumeist auf einer Anhöhe, und ihre
stattlichen Bauten waren aus Stein errichtet. Die Siedlung mit ihren Holz- und Lehmbauten dagegen befand
sich an ihrem Fuß, zunächst klein und unbefestigt, später
von einem Palisadenzaun, schließlich von einer Mauer
umgeben. Neben den oft hoch aufragenden Burgen und
Herrensitzen erschienen die Siedlungen – zuerst von
Händlern, später auch von Handwerkern bewohnt – be-

Ansicht von Perugia (Ausschnitt)

scheiden und unscheinbar. Mit ihrer wachsenden wirtschaftlichen Macht stieg auch das Selbstbewußtsein der
Bürger, Größe und Gestalt ihrer Wohnhäuser spiegeln
diesen Entwicklungsprozeß wider.

Zu den berühmtesten Städten jener Zeit gehört Nürnberg, ursprünglich eine Burg; die Bewohner des daneben
liegenden Ortes hatten schon in der Mitte des 11. Jh. das
Stadtrecht erhalten. Zu den ältesten Orten gehört Edin-
burgh, dessen königliche Burg bereits im 10. Jh. erwähnt
wird. Unter ihrem Schutz entstand eine Stadt, die allerdings erst Mitte des 15. Jh. befestigt wurde. Schließlich
seien einige kirchliche Zentren erwähnt: Sankt Gallen,

59

Ansicht von Lübeck. 1522

Ansicht der Stadt Nürnberg nach der Schedelschen Weltchronik

das durch seinen Klosterplan bekannt ist, Erfurt mit seinem Dom, an einer Handelsstraße gelegen, Hildesheim und Fulda, Magdeburg, Meißen und Halberstadt als Bischofssitze.

Im Gegensatz zu den bisher genannten Städten mit einer längeren Tradition wurden im 13. Jh. auch Städte neu angelegt. Ihre Gründungen stießen in ein Gebiet vor, das bisher noch keine städtische Lebensweise kannte. In verhältnismäßig kurzer Zeit entstanden im 12. und 13. Jh. im Raum zwischen Elbe und Weichsel zahlreiche neue Städte. In ihrer Anlage folgten sie alle einem Schema: Ein gitterförmiges Straßennetz überzog eine zumeist kreisförmige Fläche; der Markt wurde aus dem Straßenraster ausgespart; die Kirchen mit ihren Friedhöfen fügten sich in diesen Stadtplan ein.

So ließ Heinrich der Löwe in der Mitte des 12. Jh. Lübeck anlegen. Die Stadt entstand zwischen einer slawischen Burg im Norden und dem Dom im Süden auf der Stelle einer zerstörten deutschen Kaufmannssiedlung. Jedem Ansiedler wurde ein Grundstück von 25 × 100 Fuß Fläche (etwa 8 m × 33 m) zugewiesen. Die Lage der Stadt zwischen der Wakenitz im Osten und der Trave im Westen war günstig für eine Erweiterung, und schon nach einem guten halben Jahrhundert füllte Lübeck die durch Wasser gegebenen natürlichen Grenzen aus. Nach 1225 wurde die Stadt mit einer Mauer umwehrt. Lübeck ist kein Einzelbeispiel. Herzog Bertold III. gründete Freiburg im Breisgau mit langgestreckten Wohnquartieren, die in 50 × 100 Fuß große Grundstücke (etwa 16 m × 33 m) für die Bewohner eingeteilt wurden. Leipzig entstand durch die Wettiner neben einer Burg (um 1160), Stendals Gründung wurde durch die Askanier veranlaßt. Im 12. Jh. gründeten deutsche Kaufleute Wisby auf Gotland; Stettin und Danzig (heute Szczecin bzw. Gdańsk) entstanden ebenfalls als deutsche Kaufmannssiedlungen in dieser Zeit.

Im 13. Jh. gab es eine zweite Welle von Stadtgründungen, die ihre Ursache in der Entwicklung des Fernhandels hatte. Bis zum Ende des 13. Jh. zählte man allein im deutschsprachigen Raum bereits etwa 500 Städte, die zwar oft in der Nähe von Burgen entstanden, für die aber die Verbindung zu den Handelsstraßen charakteristisch blieb. Rostock, Wismar, Dorpat (heute Tartu) und Riga blühten durch die Entwicklung des Seehandels auf. Marienburg, Frauenburg, Braunsberg (heute Malbork, Frombork, Braniewo) entstanden neben den Burgen des Deutschen Ordens. In Mecklenburg entwickelten sich Landstädte in der Nähe von Sümpfen, Niederungen, Flüssen und Seen, da dadurch die Verteidigungsfähigkeit erleichtert wurde. Zu ihnen gehören Parchim, Gadebusch, Malchin, die 1225 gegründet wurden, und Güstrow (1226).

Mit der zunehmenden Zahl der Städte kam es auch zu einer deutlichen Differenzierung ihrer Größe und Funktion. Augsburgs Fläche vergrößerte sich im 13. Jh. von 46 auf 130 ha, Straßburgs neuer Mauerring umschloß jetzt eine Fläche von 99 ha gegenüber 58 ha, Hamburg besaß nun 80 ha und Naumburg 71 ha Fläche; größte deutsche Stadt war Köln mit 400 ha. Die meisten Kleinstädte verfügten über etwa 20 ha Fläche, größere Städte über 30 bis 40 ha. In diesen Städten war das Zentrum, der Markt, in weniger als zehn Minuten zu erreichen. Die Stadt blieb also für jeden Bewohner überschaubar. Verkehrswege und Zeitdauer zur Erreichung eines Ziels spielten nur eine untergeordnete Rolle.

Bei der Darstellung dieser vier Gründungsmotive für

eine Stadt muß ergänzt werden, daß es zumeist nicht nur ein Motiv für deren weitere Entwicklung gab. War eine Stadt für die ländliche Umgebung zu einem bemerkenswerten Zentrum geworden, konnte sie sich auch zum Mittelpunkt kirchlichen Lebens und kirchlicher Macht entfalten. Bestanden für eine Stadt günstige Handelsbeziehungen, blieb das auf die Entwicklung des Umlandes nicht ohne Bedeutung. Daher müssen bei der Darstellung der Geschichte einer jeden Stadt ihre individuellen Bedingungen berücksichtigt werden. Charakteristisch jedoch bleiben der Gegensatz und die Einheit von Stadt und Umland, die von weltlichen oder kirchlichen Autoritäten gefördert oder gehemmt wurden. Als eine Ausnahme erweisen sich hier nur die Seestädte – die Hansestädte, die oberitalienischen Stadtstaaten und die Städte in Flandern –, die eine große Eigenständigkeit entwickelten und primär von ihren weitreichenden Verbindungen lebten.

Doch zunächst muß nach dem Charakter und der Struktur der mittelalterlichen Stadt gefragt werden: Was war diesen Städten gemeinsam, und was unterschied sie?

Unterschiedlich war schon ihre äußere Form. Manche Städte besaßen – wenn sie aus antiken römischen Städten hervorgegangen waren – einen rechteckigen Grundriß, andere waren rund mit einer Pfarrkirche oder einer Burg im Zentrum oder waren durch eine Halbkreisform gekennzeichnet, besonders dann, wenn sie an einem Fluß lagen. Eine unregelmäßige Grundrißform ergab sich, wenn eine Burg und eine dazugehörige Siedlung neben einer Bürgerstadt lagen. Schließlich gab es Doppelstädte, die durch einen Fluß getrennt waren. Stadterweiterungen bewirkten immer wieder Veränderungen des Grundrisses. Kleinere Städte wuchsen konzentrisch um ihren alten Kern. Bei in sich geschlossenen und schon befestigten Siedlungen legte man planmäßig neue Städte neben den alten an. Vorstädte entstanden an den Hauptverkehrsstraßen, die aus der Stadt führten, isoliert liegende Klöster bezog man in die Stadtfläche mit ein, ebenso Dörfer, die sich zuvor in Abhängigkeit befunden hatten.

Gemeinsam war den Städten ihre Abgeschlossenheit gegenüber dem Lande.

Diese Trennung war nicht zufällig; denn gegenüber

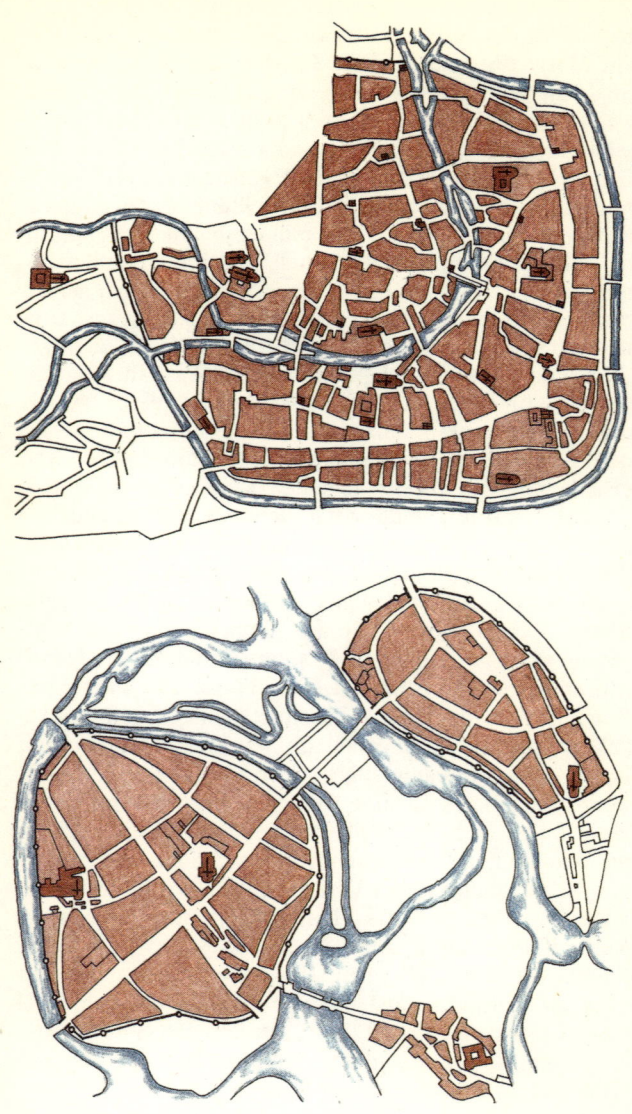

Ausgewählte mittelalterliche Stadtgrundrisse: links oben Erfurt, darunter Brandenburg, rechts oben Dresden, darunter Lübeck

64

den auf dem Lande lebenden abhängigen Bauern besaßen die Städter eine Reihe von Rechten, die sie sich gegen geistliche und weltliche Herren schwer erkämpft hatten und mit unterschiedlichem Erfolg verteidigten.

Die Verteidigung dieser Rechte wird durch die Stadtmauer symbolisiert. Für den Verlauf der Mauerlinie nutzte man die natürlichen Gegebenheiten. An der Flußseite der Stadt beließ man die Mauer relativ niedrig, da hier ein Angriff kaum zu erwarten war. Deshalb gab es an der Wasserseite auch verhältnismäßig zahlreiche Tore, weil dadurch der Zugang zu den Landungsbrücken und der Hafenverkehr erleichtert wurden. An der Landseite waren sie selten; hier mußte die Mauer zudem durch Gräben und Wälle verstärkt werden. Als Baumaterial begnügte man sich zunächst mit Holzpfählen für einen Palisadenzaun; später baute man die Ziegelmauer zum regelrechten Festungswerk aus. Zunächst bestand sie nur aus einer regelmäßigen Mauer, dann wurde die Verteidigungsfähigkeit durch einen Laufgang an der Innenseite verbessert, schließlich erhielt sie Zinnen, und endlich wurde sie mit Türmen verstärkt. Die Stadttürme waren nur mit hohem Aufwand zu realisieren, boten aber den Vorteil, den Feind beim Erstürmen der Mauer auch von der Seite angreifen zu können. So verfügte Quedlinburg im Mittelalter über 18 Türme, Wismar über 32 und Köln sogar über 50 dieser wichtigen Verteidigungsbauwerke. Die Zahl der Stadttore dagegen reduzierte man auf ein Minimum, um größere Sicherheit nach außen und innen zu gewährleisten. Städte mit einem Tor waren selten; mit zwei Toren – als Zugang für eine Handelsstraße – begnügten sich häufig kleinere Orte. Drei oder vier Tore lassen die Stadt als Handels- oder Marktort an einer Straßengabelung oder -kreuzung erkennen.

So unterschiedlich Gründungsanlässe und Anlagen waren, in ihrer inneren Organisation besaßen die Städte viele Gemeinsamkeiten. Oft entstand gegen den Willen eines Bischofs oder eines weltlichen Herrn ein Rat, der die Interessen der Bürger vertrat. Häufig waren es 12 Ratsmitglieder, manchmal auch 24 der angesehensten und reichsten Bürger der Stadt, die für ein Jahr die Interessen der Bürger wahrnahmen. Zu ihren Obliegenheiten gehörten die Organisation der Verteilung und die Verwaltung der Steuern. Hinzu kamen die Verteilung der Einnahmen aus dem Handel, die Verfügung über städtisches Eigentum, die Vergabe von Grundstücken oder der Kauf von Grundstücken, z. B. um eine Mauer zu bauen oder die Stadt zu erweitern. Auch das Münz- und Marktrecht wurde durch den Rat kontrolliert.

Später artikulierten auch einzelne Schichten ihre Interessen und setzten diese durch. Zunächst waren es die Kaufleute, die sich in Gilden zusammenschlossen. Später gewannen die Zünfte – Vereinigungen der Handwerker – größeren Einfluß. Und schließlich besaßen die Patrizier – die großen und einflußreichen Geschlechter – den entscheidenden Einfluß auf das Geschehen in der Stadt.

Eine dritte Gemeinsamkeit der Bürger lag in der Entstehung und Entwicklung des Stadtrechts. Sein Ursprung ist in der Entwicklung des Kaufmannsrechts (jus mercatorum) zu suchen, das den Kaufleuten in ihren kleinen Siedlungen neben der Burg eines geistlichen oder weltlichen Herrn Schutz bot, gleichzeitig aber auch die Beziehungen unter den Kaufleuten regelte.

Ebenfalls im 11. Jh. entstand das eidgenossenschaftliche Recht, das die Bürger zu einer Schwurgemeinschaft verband und damit die Gemeindebildung und die Stadtentwicklung förderte. Neben diesen beiden Rechten, die noch nicht die Interessen der Gesamtbevölkerung vertraten, entwickelte sich im 13. und 14. Jh. das Bürgerrecht (jus civitatis), das die Interessen aller Bewohner – auch die der Nichtbürger – wahrnahm. Besonders die Stellung des Handwerks wurde nun geregelt. Auch hinsichtlich des Strafrechts, der Eigentumsregelung und durchzuführender Prozesse bot es eine neue und verbindliche Grundlage. Die Erfahrungen älterer Städte auf diesem Gebiet wurden auf jüngere oder neu zu gründende übertragen, so daß man von Stadtrechtsfamilien sprechen kann. So ging das Stadtrecht von Köln auf Lübeck über, und das lübische Recht bot wiederum die Grundlage für die Ordnung in den jüngeren mecklenburgischen und pommerschen Städten. Ein anderes Stadtrecht war das der Stadt Magdeburg, das in Krakau, Posen (heute Kraków bzw. Poznań), Stettin und Kulm (heute Chełmno) Anwendung fand.

Insgesamt bot das Stadtrecht den Bewohnern gegenüber den Hörigen auf dem Lande einen großen Schutz und viele Vorzüge. Der vielzitierte Satz »Stadtrecht macht frei – nach Jahr und Tag« charakterisiert das Selbstbewußtsein und den Stolz einer neuen Klasse – die der Bürger.

Aus der Zahl Tausender von Städten sollen uns Venedig als Beispiel für eine Seemacht mit einem selbstbewußten Bürgertum und Quedlinburg als Beispiel für eine kleine Stadt, deren Bürgertum sich neben königlicher und weltlicher Macht entwickelte, dienen.

Im Zeichen des Löwen – Venedig

»Die Stadt der Venetier, die nach dem Willen der göttlichen Vorsehung in mitten der Wasser gegründet wurde und die von Wasser umgeben ist, wird, statt durch eine Mauer, durch die Wasser geschützt. Insofern wird jeder, der den öffentlichen Gewässern irgendwie Schaden zufügt, als Feind des Vaterlandes verurteilt. Er wird keine geringere Strafe erhalten als der, der sich an den heiligen Mauern des Vaterlandes vergeht. Das in dieser Verordnung festgelegte Gesetz soll ewige Gültigkeit besitzen.“

Diese Strafandrohung, die im 16. Jh. auf eine Steintafel aufgezeichnet worden war, die sich heute im Museum Correr in Venedig befindet, sollte die Stadt an ihrem empfindlichsten Punkt schützen. Für die einst auf dem Festland lebenden Bewohner bedeuteten die in der Lagune liegenden Inseln die Rettung, für die spätere Handelsmacht waren die Wasserwege die Grundlage des Erfolges, für die heutige Stadt bedeutet das von der Industrie verschmutzte Wasser jedoch eine Existenzgefährdung. Venedig ist durch seine insulare Lage ein Einzelfall unter den Städten, seine exponierte Lage aber war die Ursache dafür, daß die Stadt über Jahrhunderte hinweg die Rolle einer Großmacht spielen konnte.

Die Geschichte Venedigs geht auf das 5. Jh. zurück, als der Hunnenkönig Attila in das Römische Reich einbrach. Damals flüchteten die Bewohner des Festlandes auf die flachen Inseln in der Lagune und bauten dort ihre ersten Siedlungen. Die Lage war vorteilhaft, die Bedingungen für den Bau einer Stadt dagegen äußerst ungünstig. Der geographischen Lage, die den Handel zwischen Ost- und Weströmischem Reich begünstigte, stand ein Baugrund gegenüber, der den Bau eines jeden Hauses zu einem aufwendigen Unternehmen gestaltete. Tausende von Baumstämmen mußten vom Festland herangeschafft und in den weichen Sand der Lagune gerammt werden. Steine, Kalk und Holz mußten herbeigeschafft und auf einer nur begrenzt zur Verfügung stehenden Fläche verarbeitet werden. Kein natürliches Hinterland konnte der Stadt Lebensmittel liefern, der Fischreichtum bot nicht genügend Ersatz, so mußte sich ihre Existenz besonders auf den Handel stützen.

Als im 6. Jh. Cassiodor, Kanzler des Königs Theoderich, die Venezianer aufforderte, Wein und Öl von Istrien nach Ravenna zu bringen, muß der Ort schon eine bemerkenswerte Bedeutung gehabt haben. Er schrieb: »Es wird Euch wenig Mühe kosten, solches bei der mäßigen Entfernung zu bewerkstelligen, denn Ihr seid geborene Schiffer und müßt den Weg des Wassers wählen, um in Eurer Heimat von Haus zu Haus zu kommen. Und wenn Euch auch zuweilen Stürme hindern, die hohe See zu halten, so öffnet sich Euch noch eine andere Bahn, die

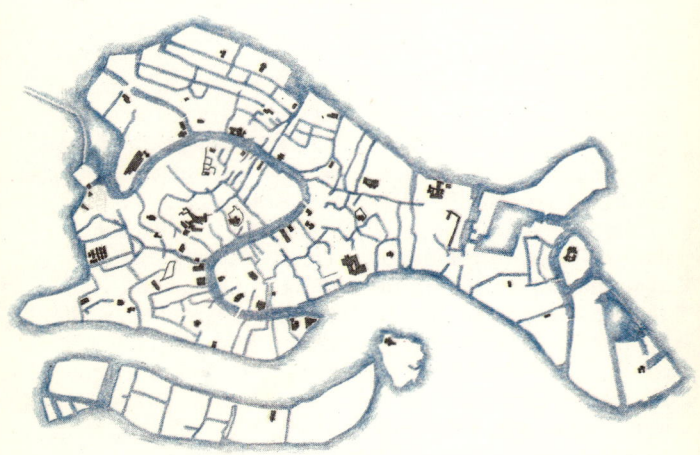

Grundriß der Stadt Venedig

vollkommen sicher ist: ich meine die Straße der Flüsse, auf welcher Eure Barken, geschützt gegen Wind und Wetter, das Festland durchschneiden.« Auch über die Lebensbedingungen und die Wohnhäuser äußerte sich Cassiodor. »In diesem Gebiete, um welches Meer und Erde sich streiten, habt Ihr Euch Häuser aufgerichtet wie die Natur von Wasservögeln, durch Faschinen und künstliche Dämme versteht Ihr Eure Wohnungen miteinander zu verbinden; den Meeressand häuft Ihr an, um die Wut der Wellen zu brechen, und der scheinbar schwache Wall trotzt der Stärke des Wassers. Fische sind die Nahrung von Euch allen, das Haus des einen sieht dem des anderen gleich, darum seid Ihr befreit von einem Übel, das anderswo die Bande der Gesellschaft lockert, vom Neide und Eifersucht, die aus der Verschiedenheit des Standes erwachsen.«

Zu dieser Zeit standen an der Spitze der Inselbevölkerung schon zwölf Tribunen, die richterliche Gewalt ausübten. Am Ende des 7. Jh. erforderten die äußere und innere Stabilität der Stadt eine Straffung der Macht; und so wählten die Tribunen ein Oberhaupt, den Dogen, und statteten ihn mit weitgehenden Rechten aus. Er war das erste von 120 Stadtoberhäuptern in der elfhundertjährigen unabhängigen Geschichte der Stadt, die erst mit der widerstandslosen Einnahme durch Napoleon im Jahre 1797 zu Ende ging.

Die Stadt wurde im 9. Jh. gegründet. Ihr Zentrum soll sich am Rialto bei der später errichteten Brücke über den Canale Grande befunden haben. Im selben Jahrhundert begann man auch mit dem Bau des Dogenpalastes und der Markuskirche. Eine besondere Rolle spielte Venedig in der Zeit der Kreuzzüge (12. und 13. Jh.). Es konnte dank seiner großen Flotte den Transport der Kreuzfahrer übernehmen und dabei gleichzeitig weitgespannte Handelsbeziehungen anknüpfen. Im Jahre 1204 stellte es 500 Schiffe für 40 000 Kreuzfahrer gegen Byzanz zur Verfügung. Am Ende des 13. Jh. vermochte Venedig seine Handelsbeziehungen im östlichen Mittelmeerraum so weit auszubauen, daß es in den Besitz der meisten griechischen Inseln, unter anderem von Kreta, Korfu und Rhodos, kam. Ein Jahrhundert später war Venedigs Posi-

Venezianischer Palast

tion im Levantehandel durch Genua gefährdet. Durch einen siegreichen Krieg konnte dieser gefährliche Gegner jedoch ausgeschaltet werden. Das 15. Jh. kann als die Blütezeit Venedigs angesehen werden. Seine Besitzungen reichten im Norden bis zum Alpenrand, im Westen bis Mailand, im Osten bis Zypern. Mit seinem Handel erreichte es nicht nur Europa, sondern auch Nordafrika, Asien und Arabien. Die Stadt galt als die reichste Italiens und zählte zu jener Zeit 190 000 Einwohner. Ihre Handelsflotte umfaßte 3 300 kleine und große Schiffe mit 30 000 Seeleuten. In ihren Werften, dem Arsenal, arbeiteten 20 000 Arbeiter. Damit war Venedig größte Schiffbaustätte der damaligen Welt. Es gab mehr als 40 Banken, mehr als 70 Magazine für Seiden und Brokat; zahlreiche Goldschmiede und andere Kunsthandwerker arbeiteten in den Werkstätten, und 16 000 Weber stellten Leinen, Baumwolle und Seiden her. »Wenn ich an das Fenster trete«, schrieb Pietro Aretino (1492–1556), »so sehe ich gegen tausend Menschen und ebensoviel Barken. Rechts fallen meine Blicke auf die Schlachtbänke und den Fischmarkt, links auf die Brücke und den Fondaco dei Tedeschi (Wohnort der deutschen Kaufleute, d. A.). In der

Mitte der Rialto, von Geschäftsleben wimmelnd. Die Barken gleichen Weinbergen, die Plätze scheinen Gärten, und die Läden sind von Wild und Geflügel überfüllt. Schon mit Sonnenaufgang ist der Kanal von allen Produkten, welche die Jahreszeiten bieten, überdeckt.«

Die Funktion der Straßen wurde von den Kanälen in hervorragender Weise übernommen. Die große Tragfähigkeit der Kähne, der Antrieb durch Ruder ließen den Verkehr zu Wasser zu einer selbstverständlichen Sache werden. Daher spielte die »Hauptstraße« der Stadt, der 4 km lange Canale Grande, der sich S-förmig durch das Zentrum zieht, eine große Rolle. An den Seiten dieses nur 5 m tiefen und 40 bis 70 m breiten Wasserweges standen über hundert Paläste. Über den Canale Grande schreibt Philippe de Commines, der um 1495 französischer Botschafter in der Stadt war: »Es ist die schönste Straße, die man in der ganzen Welt finden kann, und mit den schönsten Häusern eingefaßt, und sie geht durch die ganze Stadt. Die Häuser sind sehr hoch und groß und aus gutem Stein und die älteren ganz bemalt, und sie stehen schon seit 100 Jahren. Die anderen, die in den letzten 100 Jahren erbaut worden sind, haben Fassaden von weißem Marmor, der aus Istrien kommt, und von Porphyr. Im Innern haben alle zum mindesten zwei Gemächer mit goldenen Dielen, reichen Kaminen aus behauenem Marmor und Betten, deren Pfosten vergoldet sind, und die anderen Gemächer sind auch vergoldet und ausgemalt und innen sehr gut ausgestattet. Es ist die triumphalste Straße, die ich je gesehen habe, es ist die glückstrahlendste Stadt, die ich jemals sah.«

Der Reichtum floß aus den Handelsniederlassungen und Besitzungen, die rund um das östliche Mittelmeer lagen. In ihnen lebten etwa 8 Millionen Menschen. Zudem war jeder Seefahrer verpflichtet, von einer Reise etwas zum Reichtum der Stadt beizusteuern. Und an diese Regel hielten sich die Venezianer. So kamen unter anderem nicht nur der Leib des Evangelisten Markus für ein Spottgeld von 50 Zechinen nach Venedig, sondern auch die vier bronzenen Pferde aus dem Hippodrom von Konstantinopel, die an der Fassade der Markuskirche angebracht wurden, so daß die Stadt im 15. Jh. ein Symbol des

Reichtums, aber auch geraubter Kunstschätze aus aller Welt war.

Dem mit dem Schiff Ankommenden bot sich schon am Markusplatz ein eindrucksvoller Anblick: Zwei hohe Granitsäulen – die eine trägt einen geflügelten Löwen, das Symbol der Stadt, die andere den ehemaligen Schutzpatron S. Teodoro – betonen den Zugang. Zur Rechten liegt der Dogenpalast mit den beiden filigran gestalteten Untergeschossen und dem geschlossenen Oberbau, zur Linken die Münze und davor eine zweigeschossige Pfeilerhalle, die Bibliothek. Zwischen diesen beiden Gebäuden befindet sich die Piazetta, der Kleine Platz, 40 bis 50 m breit und etwa 100 m lang, der den Zugang zum eigentlichen Markusplatz bildet.

Der Markusplatz bietet den Anblick eines schönen geschlossenen Stadtraumes. Seine Grundfläche bildet ein Trapez mit 56 bzw. 72 m Breite und 175 m Länge. Durchschreitet man die Piazetta, kommt also von der Wasserseite her, so liegt rechter Hand die Markuskirche; linker Hand, an der Ecke zwischen Piazetta und Markusplatz, betont der Campanile mit einer Höhe von 99 m den Zugang zum Platz. Der Platz wird an der Nord- und Südseite von den alten und neuen Prokuratien gesäumt. An seiner Westseite stand ehemals eine Kirche, die zu Be-

Der Markusplatz in Venedig aus der Vogelperspektive; links der Dogenpalast, in der Mitte der Campanile, im Vordergrund die Markuskirche, rechts die Piazza San Marco

ginn des 19. Jh. auf Veranlassung Napoleons abgerissen und durch einen Neubau im Stil der Prokuratien ersetzt wurde.

Die reiche und schöne Stadt geriet das erste Mal in existentielle Gefahr, als die Brenta, der Fluß, dessen Mündung der Stadt gegenüberliegt, die Kanäle durch die Ablagerung des mitgeführten Sandes zuzuschwemmen drohte. Um 1500 wurde deshalb die Mündung der Brenta nach Süden verlegt, wodurch die Gefahr abgewendet wurde. Als sich im Jahre 1508 fast ganz Europa gegen Venedig zu verbünden schien, drohte erneut Gefahr. Ludwig XII. von Frankreich, Papst Julius II., Kaiser Maximilian I. und Ferdinand von Aragonien hatten sich in der Liga von Cambrai vereinigt, um Venedig zu vernichten. Venedig entkam dem Konflikt, indem es seine Gegner durch diplomatisches Geschick spaltete. Im 16. und 17. Jh. weitete sich das Reich der osmanischen Türken aus; Venedig gingen dadurch Handelsniederlassungen und Besitz verloren. Im 18. Jh. schließlich wurde England beherrschende Seemacht und schwächte so die Stellung Venedigs weiter. Im Jahre 1797 verlor es durch die Besetzung unter Napoleon seine selbständige Bedeutung und fiel zunächst an Österreich; nach 1866 gehörte es zum Königreich Italien.

Quedlinburg

Aus der Ebene des nördlichen Harzvorlandes ragen ein Sandsteinfelsen und, nur 200 m entfernt, ein kleiner Höhenzug hervor. Ein Bach umfloß den Felsen und bot schon in frühester Zeit Ansiedlern einen natürlichen Schutz. Am Ende des 1. Jahrtausends befand sich in der Ebene wahrscheinlich ein Wirtschaftshof, für den man auf dem Sandsteinfelsen eine Fluchtburg mit einer Kirche anlegte. Dies stellte die erste Bebauung des späteren Domberges dar. Aus der Fluchtburg entstand im 10. Jh. unter Heinrich I. (919–936) ein Königshof, als villa bezeichnet. Zur Stadtbildung trug bei, daß nur 400 m westlich der Burg eine weitere kleine Kirche, das Wipertikloster, ursprünglich als eine Missionskapelle gebaut wurde.

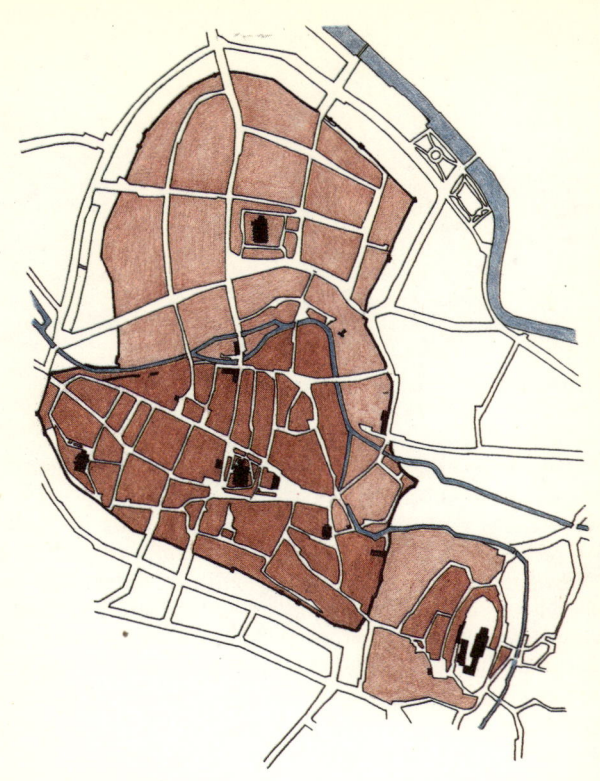

Grundriß der Stadt Quedlinburg

Schließlich wuchs nördlich des Domberges eine Kaufmannssiedlung. Erst jetzt können wir von den Elementen einer zukünftigen Stadt sprechen. Die Bedeutung der Königsburg blieb auch nach dem Tode Heinrichs I. erhalten, denn seine Witwe, Königin Mathilde, und ihre Enkelin erhielten den mächtigen Feudalsitz und wandelten den Königshof in eine Stiftsschule um. Mehr als 60 Jahre verwalteten sie von hier aus den über das ganze sächsische Gebiet verstreuten reichen Grundbesitz und machten Quedlinburg zu einem Zentrum geistlicher und weltlicher Macht.

Ansicht des Marktplatzes von Quedlinburg; rechts das Rathaus, im Hintergrund die Benediktuskirche

Bedeutung erlangten nun auch zwei etwa 500 m nördlich der Burg gelegene kleine Ansiedlungen, die sich um zwei Kirchen (St. Blasii und St. Ägidien) entwickelten. Sie schlossen sich zusammen und erkämpften sich ihre Rechte als Stadt. Am Ende des 12. Jh. konnten sich die Bürger auf eine eigene Stadtverfassung berufen, hatten Abgaben und Finanzen geregelt und sprachen für die Bewohner selbst Recht. Als Zeichen wirtschaftlichen Aufschwungs und innerer Stabilität können wir die Anlage eines Marktes, den Bau eines Rathauses und einer Marktkirche (St. Benedicti) – alles zwischen den beiden alten Ansiedlungen gelegen – und schließlich den Bau einer gemeinsamen Umwallung mit Graben und Palisaden deuten. Diese Entwicklung war bis zum Ende des 12. Jh. abgeschlossen. Danach setzte ein bedeutender wirtschaftlicher Aufschwung ein, und Quedlinburg gelang der Anschluß an die Hanse. Das machte die Erweiterung der Stadt – den Bau der Neustadt – notwendig. Sie brachte fast eine Verdoppelung der Stadtfläche. Mit breiten, annähernd parallel verlaufenden Straßen und großen Wohnquartieren unterschied sich die Neustadt wesentlich von der bisherigen Bebauung. Zunächst besaß sie einen eigenen Rat, aber nach 1330 schlossen sich die Bürger der beiden Städte zusammen, um zukünftig einen gemeinsamen Rat zu wählen. In jener Zeit hatte die Stadt etwa 5000 Einwohner. Quedlinburg entwickelte sich zu einer

bemerkenswerten kleinen Handels- und Handwerker-
stadt, die durch ihre günstige Lage an der Straße zwischen Goslar und Halle auch weitreichende Verbindung
besaß. Seit dieser Zeit ist eine soziale Differenzierung
nachweisbar. Die vier Bürgermeister der Stadt – zwei für
die Altstadt und zwei für die Neustadt – und die acht
Ratsherren wurden von den 24 Stadtgeschworenen ge-
wählt. Nächst ihnen waren die Innungen, die die Ge-
wandschneider, Schuhmacher, Knochenhauer, Schmiede,
Bäcker und Kürschner vertraten, am einflußreichsten. Ihnen folgten drei Bruderschaften, die die Stellmacher,
Schneider und Krämer vereinten. Den niedrigsten sozialen Rang besaßen die fünf Kumpanien, Vereinigungen
der Leineweber, Bader, Zöllner, Bachmüller und Musi-
kanten.

Plätze und Projekte

Gegenüber der Geschlossenheit des mittelalterlichen
Weltbildes erscheint jene Zeit, die wir Renaissance nennen, voller Unruhe und Spannungen, voller Erwartungen
und Hoffnungen, voller Ideen und Projekte. Sie gilt als
»das Zeitalter der Entdeckung der Welt und des Menschen« (J. Burckhardt). Es entwickelte sich seit der 2.
Hälfte des 14. Jh. eine neue Weltsicht, die sich nicht nur
auf das Studium antiker Quellen stützte, sondern auch
durch die Ausweitung des Handels angeregt und durch
die Gründung der Universitäten gefördert wurde. Natur-
wissenschaftliche Erkenntnisse, Entdeckungen und Erfin-
dungen, Neuerungen in der Produktionsweise veränderten bald das Bewußtsein. »Es war die größte progressive
Umwälzung, die die Menschheit bis dahin erlebt hatte,
eine Zeit, die Riesen brauchte und Riesen zeugte, Riesen
an Denkkraft, Leidenschaft und Charakter, an Vielseitig-
keit und Gelehrsamkeit.« (F. Engels)
In dieser Zeit setzte eine stärkere soziale Differenzierung ein. Während sich noch im 13. Jh. das Bürgertum
vereint hatte, um seine Unabhängigkeit gegenüber geistlichen und weltlichen Herren zu behaupten, kam es nun zu
Auseinandersetzungen innerhalb der Stadtbevölkerung.

Die Solidarität der Städter – vielleicht nur eine Fiktion, solange sie als Ziel galt – war dahin. Dem Großbürgertum, das sich durch den ausgedehnten Handel eine starke Position erworben hatte, standen jetzt eine Mittelschicht von kleinen Händlern und Handwerkern und eine sich vergrößernde Schicht von Armen gegenüber, die von der ökonomischen Entwicklung der Stadt kaum profitiert hatten. Diese unteren Schichten versuchten, gleiche Rechte für alle Stadtbewohner durchzusetzen, während das Patriziat im Lebensstil des Adels ein Vorbild sah. Auch der Adel spürte, daß er den Zug der Zeit verpaßt hatte, und versuchte nun, sich am Gewinnstreben des Bürgertums zu beteiligen. In ihrem Trachten nach Vorherrschaft bekämpften sich zunächst der grundbesitzende Adel und das Großbürgertum; später jedoch verwischten sich die scharfen Grenzen, besonders durch Heirat, und so bildete sich schließlich eine gemeinsam führende Schicht in der Stadt. Durch diese Entwicklung gingen die ursprünglichen Ziele einer Zunft oder Gilde, besonders das genossenschaftliche Ideal, verloren. Statt dessen kam es zu einer Versachlichung der Beziehungen, zu einer Vorherrschaft des Gewinns und zu einer »Solidarität des Geldes«.

Diese Tendenzen lassen sich zuerst im 14. und 15. Jh. in den oberitalienischen Städten nachweisen. Von hier hatten die Kreuzzüge ihren Ausgang genommen, und in ihrer Folge hatte sich der Handel nach Osten bedeutend ausgedehnt. In diesen Städten trat neben kirchlicher und fürstlicher Autorität auch die neue Schicht des Großbürgertums als Auftraggeber für öffentliche Bauten auf. Der Bau eines Rathauses, die Stiftung einer Kirche oder die Umwandlung eines Stadthauses in einen Palast bewirkten zwar nur punktuell Veränderungen im Stadtbild; sie wurden aber – und das ist ein neuer Gesichtspunkt – von dem Bauherrn oder den Auftraggebern als ein Monument der Selbstdarstellung aufgefaßt. Das wird nicht immer deutlich, da die Verantwortung für den Bau häufig einer Gruppe übertragen wurde, die geeignete Künstler auswählte, die Bauausführung überwachte und Einfluß auf die Gesamtgestaltung des Gebäudes nahm.

Diese Einflußnahme wirkte sich positiv auf die Stadtentwicklung aus, besonders dann, wenn es um die Anlage und die Bebauung von Plätzen mit öffentlichen Gebäuden ging. Hier gelang es, einen neuartigen und für die Renaissance charakteristischen Stadtraum zu schaffen. Er erhielt seine Konzeption durch die bewußte Anwendung der Perspektive. So wurden die Betrachtung eines Stadtraumes von einem bestimmten Punkt aus und die von hier sichtbaren Beziehungen der Gebäude untereinander zu einem Ideal des Städtebaus dieser Zeit. Zahlreiche Renaissancebilder lassen diese Auffassung deutlich erkennen.

Für das Gebäude spielten die Maße des Baukörpers, die Proportionen der Fassade und die visuellen Beziehungen zu Straßen und Plätzen eine entscheidende Rolle. Die Gestalt eines Gebäudes, die Schönheit eines Platzes und die Anlage einer Straße widerspiegelten so die ästhetischen Vorstellungen. Allem – Architektur wie Plastik – lag derselbe Gedanke zugrunde, denn »der Zentralbegriff der italienischen Renaissance ist der Begriff der vollkommenen Proportion... Jede Form zu abgeschlossenem Dasein herausgebildet, frei in den Gelenken; lauter selbständig atmende Teile. Die Säule, der Flächenausschnitt an der Wand, das Volumen eines einzelnen Raumgliedes wie des Raumganzen, die Massen des Aufbaus insgesamt – es sind lauter Gestaltungen, die den Menschen ein in sich befriedigendes Dasein finden lassen, über menschliches Maß hinausgehend, der Phantasie noch immer zugänglich. Mit unendlichem Wohlgefühl empfindet der Sinn diese Kunst als Bild eines erhöhten freien Daseins, an dem ihm teilzunehmen vergönnt ist.« (Heinrich Wölfflin)

Die Mittel, mit denen dieses in der Architektur erreicht wurde, waren die Bevorzugung des Flächenhaften in der Fassade. Das Flächenhafte gab aber wiederum dem Bauwerk etwas Geschlossenes, so daß es sich gegenüber anderen Bauten deutlich absetzte. Mehrere solcher geschlossener Kuben oder anderer einfacher stereometrischer Baukörper um einen Platz gruppiert, ergänzt durch das Standbild eines Herrschers, eines Brunnens oder einer Rotunde, eines von Säulen getragenen Rundbaus, unterstützt durch eine regelmäßige Pflasterung des Platzes,

Pienza; die Piazza Piccolomini

gaben diesen Renaissancestadträumen Klarheit und
Überschaubarkeit, zugleich aber auch Strenge und Kühle.

Ein Beispiel für einen solchen Platz, der nicht durch
spätere Bauten in seiner Substanz verändert wurde, findet
man in Pienza, nahe bei Siena. Pienza, ein kleiner Ort
auf einem Hügelrücken, dessen Ausdehnung sich auf
kaum 400 m in der Länge und weniger als 200 m in der
Breite beläuft, erhielt einen bedeutenden städtebaulichen Impuls durch Papst Pius II. (1405–1464). Dieser be-
schloß nach seiner Wahl zum Papst, seine Geburtsstadt

zu einer zeitweiligen Residenz auszubauen. Im Zentrum dieses Ortes ließ er vier Gebäude errichten – ein kleines Rathaus, die Kathedrale, einen Palast, der später Bischofssitz wurde, und einen weiteren Palast an der Stelle seines Geburtshauses. Diese Gebäude begrenzten einen im Grundriß trapezförmigen Platz, der durch eine regelmäßige Pflasterung in Quadrate aufgeteilt wurde. An der Nordseite des Platzes führt die Hauptstraße des Ortes vorbei; blickt man von dieser auf die gegenüberliegende Kathedrale, kann man rechts und links an dieser vorbei weit ins Land sehen. Der Blick wird durch östlich und westlich liegende Palazzi eingerahmt.

So entstand ein Stadtraum, bei dem alle Gebäude wohlproportioniert, aber in Distanz zueinander liegen und eine kühle, sachliche Einheit bilden. Die Gestaltung dieses Platzes lag wahrscheinlich in den Händen des Florentiner Architekten Rosselino (1409–1464), der noch während der Realisierung dieser Bauaufgabe zum Dombaumeister von Florenz berufen wurde.

Florenz galt zu dieser Zeit als ein Zentrum der Kunst. Für den Ausbau der Stadt, die ihre bedeutende Größe schon im Mittelalter durch mehrere Erweiterungen erhalten hatte, waren zahlreiche Bauaufgaben vergeben worden. Berühmte Künstler, wie Alberti und Brunelleschi, Donatello und Masaccio, Michelangelo und Vasari, prägten durch ihre Werke das Gesicht der Stadt. Im 15. Jh. entstanden nicht nur die das Stadtbild beherrschende Kuppel des Doms, nach Plänen von Brunelleschi zwischen 1418 und 1446 errichtet, sondern auch die Kirchen San Lorenzo (begonnen 1419) und Santa Maria degli Angeli (begonnen 1434), dazu zahlreiche öffentliche Gebäude und Paläste. Schon im 14. Jh. hatte man mit dem Ausbau einer monumentalen Achse zwischen dem Platz am Dom und dem Markt, der Piazza della Signoria, begonnen. Loggien, Arkaden, das Baptisterium (die Taufkapelle), der Campanile (der Glockenturm) und der Dom, schließlich auch das Rathaus bilden die städtebaulichen Elemente dieser Achse.

Zu den berühmtesten Plätzen dieser Zeit zählt das Kapitol in Rom. Der Platz – schon in der Antike Zentrum der Stadt – erhielt, nachdem er im 14. Jh. durch eine

Das Kapitol in Rom, 1536 von Michelangelo entworfen

breite Freitreppe einen monumentalen Zugang bekommen hatte, durch Michelangelos Entwurf seine endgültige Form. Im Norden und Süden begrenzen ihn zwei zweigeschossige Gebäude: das Kapitolinische Museum und der Konservatorenpalast; dem Aufgang gegenüber liegt der Senatorenpalast. In der Mitte ziert ihn das antike Reiterstandbild des Kaisers Marc Aurel. Die Platzfläche selber, ein Trapez, das sich zur Stadt hin öffnet, ist durch eine Pflasterung wirkungsvoll gegliedert. Sie vermittelt einen Eindruck von der Freude am Konstruieren geometrischer Figuren, wie sie für die Renaissance typisch und neu war: Ein Oval umschließt die Fläche, in seiner Mitte betont ein zwölfzackiger Stern das Reiterstandbild, der dazwischenliegende Raum ist durch rhombenförmige Felder ausgefüllt.

Diese wenigen Beispiele zeigen, daß die Leistungen der Renaissance im Städtebau am ehesten an der Anlage von Plätzen zu erkennen sind; dagegen blieb die Zahl neugeplanter und -gebauter Städte gering. Die Ursache hierfür liegt darin, daß die Kolonisation weiter Gebiete Europas als abgeschlossen gelten konnte. Trotzdem spielte die Planung neuer Städte eine Rolle; aber sie hat ihre Wurzeln eher in der reformatorischen Überzeugung dieser Zeit, weniger in ihren ökonomischen Möglichkeiten.

Zu den Autoren, die sich mit dem Städtebau befaßten, gehört Antonio di Averulino Filarete (1400–1469). Er wurde durch die Auseinandersetzungen um den Bau des Mailänder Doms, der noch im Stil der Gotik errichtet worden war, angeregt, seine Auffassungen über Architektur in einem Traktat niederzulegen. Filarete stand im Dienst des Herzogs Francesco Sforza, und von ihm erhoffte er – und das ist der zweite Gesichtspunkt, der ihn zu einer Abhandlung anregte –, den Auftrag für den Bau einer neuen Stadt zu erhalten. Um seinen Herrn und Auftraggeber für diese Aufgabe zu gewinnen, bemühte er sich um leichte Verständlichkeit, ja, er fügte seiner Schrift Beschreibungen von Jagdausflügen und Reisen hinzu. Seine neue Stadt nannte er nach dem erhofften Gründer »Sforzinda«. Der Plan sah eine zentrale regelmäßige Anlage vor, in der radial angeordnete Straßen auf das Zentrum führten. Die Grundform der Stadt sollte aus einem acht-

eckigen Stern bestehen, der durch das versetzte Überein-
anderlegen von zwei Quadraten entsteht. In den Winkeln
des Sterns plante er die Stadttore; von diesen sollten die
Hauptstraßen bis in die Stadtmitte führen. Das Zentrum
war allerdings nicht als regelmäßige Anlage geplant, sondern bestand aus einer Komposition von drei Plätzen, die
sich durch Größe und Form unterschieden. Diese Platzfolge trägt – trotz des Gegensatzes zur Gesamtanlage der
Stadt – typischen Renaissancecharakter, denn sie betont
den Eigenwert der Plätze, läßt eine differenzierte Fassa-
dengestaltung der Gebäude zu und die bewußte Anwendung der Perspektive erahnen.

Auch Leon Battista Alberti (1404–1472), der bekannteste Architekturtheoretiker der Renaissance, ging in seinen zehn Büchern über Architektur »De re aedificatoria«
– die er in Anlehnung an Vitruv, aber in durchaus kriti-
scher Distanz zu ihm verfaßte – auf die Gründung und
den Bau von Städten ein. So beschreibt er im IV. Buch
die idealen Voraussetzungen für den Bau einer Stadt.
»Sie wird ein Gebiet haben, das gesund, sehr ausgedehnt,
abwechslungsreich, lieblich, fruchtbar, geschützt und
reich an prächtigen Früchten jeder Art, sowie an Überfluß
von Quellen ist. Es wird Flüsse und einen See geben, sowie das Meer leicht zu erreichen sein, worauf man be-
quem, was etwa fehlt, einführen und, was übrig ist, aus-
führen kann. Schließlich wird alles vorhanden sein, um
die Verwaltung im Innern und die Rüstung nach Außen
rühmlich einzurichten und auszugestalten, um dadurch
den Seinen zum Schutz, der Stadt zur Zier, den Fremden
zum Vergnügen und den Feinden zum Schrecken zu werden. Und ich meine, daß es mit dem Staate gut stehe, der
einen guten Teil des Gebietes gegen den Willen des Fein-
des bewirtschaften könnte. Übrigens soll man die Stadt in
der Mitte des Gebietes legen, von wo man seine Grenze
übersehen, das günstige entscheiden und zur richtigen
Zeit sofort da sein kann, wo es die Notwendigkeit erfordert. Von wo der Landmann und der Ackersmann häufig
zur Arbeit gehen und vom Acker mit Frucht und Ernte
beladen sogleich heimkehren kann.«

Für den Städtebau besitzt diese Beschreibung, die anti-
kes Gedankengut anklingen läßt, nur theoretische Bedeu-

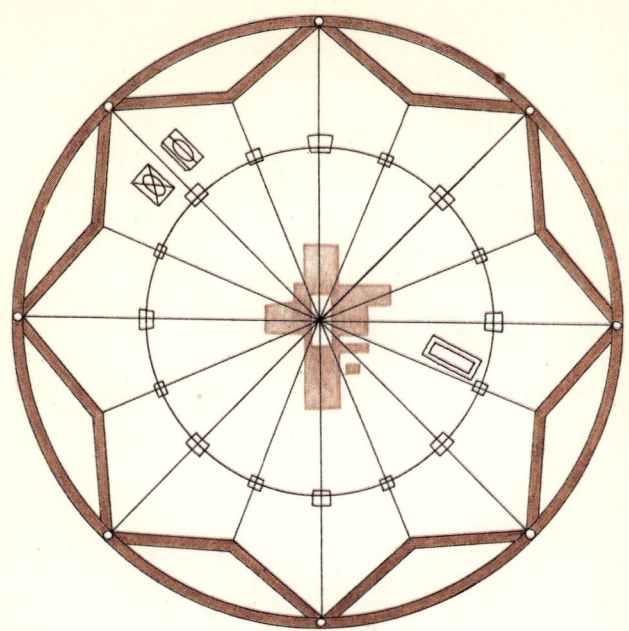

Plan der Idealstadt Sforzinda von Filarete

tung. In der Theorie liegt auch Albertis große Stärke. Seine Definition der Schönheit wird wegen ihrer Zeitlosigkeit immer wieder zitiert. »Die Schönheit ist eine gewisse Übereinstimmung und ein Zusammenpassen der Teile in einem Ganzen nach Zahl, Proportion und Anordnung, so wie es die Harmonie, das oberste Naturgesetz, erfordert.«

Ganz im Gegensatz zu Alberti, der seine Gedanken nur in Worten, nicht aber in Plänen wiedergab, versah Francesco di Giorgio Martini (1439–1502) seine Abhandlung mit zahlreichen Zeichnungen. Er verstand sich als Schüler Albertis, da er aus der Bauschule von Urbino, die unter Mitwirkung Albertis entstanden war, hervorgegangen war. In seiner Abhandlung stellte er für die verschiedensten Bauaufgaben genaue Programme auf und ergänzte diese jeweils durch mehrere Entwürfe. Seinen

Grundrissen liegt immer eine einfache geometrische Form zugrunde, die er in verschiedenster Weise variierte. Auch mit Städtebau beschäftigte er sich. So unterschied er drei Gruppen von Stadtplänen: Radialstädte, Bergstädte und Rechteck- oder Vieleckstädte. Wie auch die anderen Architekturtheoretiker ordnete er in der Stadtmitte die Hauptplätze mit den wichtigsten Gebäuden an, während er den unsauberen Gewerben am Stadtrand ihren Platz zuwies. Kirchen und Bäder wurden über die Stadtfläche verteilt.

Schließlich sei noch Vincenzo Scamozzi (1552–1616) genannt, der ebenfalls Pläne für eine ideale Stadt zeichnete. Von ihm stammt der Plan für die venezianische Festungsstadt Palma nuova, der nach 1593 tatsächlich realisiert wurde. Zu den wenigen ausgeführten Beispielen zählt auch Grammichele auf Sizilien, dessen Planer und Architekt allerdings nicht bekannt ist. Die Stadt ist heute noch in ihrer ursprünglichen Konzeption und Anlage deutlich erkennbar. Grammichele besitzt, wie auch andere Planungen dieser Zeit, einen sechseckigen Grundriß; die Stadtfläche wurde in sechs gleichartige Teile gegliedert. Jeder dieser Teile verfügt axial über eine Hauptstraße, die durch einen quadratischen Platz unterbrochen wird.

Diese wenigen Beispiele, besonders aber die Theorien und Projekte, wurden in den anderen Ländern Europas, so auch in Deutschland, aufgegriffen.

Im Jahre 1527 erschien Albrecht Dürers (1471–1528) Buch über die Befestigungslehre, in dessen zweitem Kapitel er sich mit dem Plan einer Idealstadt beschäftigte. Dürer sah es zunächst für notwendig an, einen geeigneten Standort zu finden. »Erstlich soll ein eben fruchtbar Land darzu erwählt werden, und diese Ebne soll gegen Mitternacht (also nach Norden, d. A.) ein hoch Holzgebirge haben, auf daß zu dem Bau weder an Holz noch Stein kein Mangel sei... Auch soll dies erwählt Ort sein stark fließend Wasser vor dem Schloß gegen Mittag (also nach Süden, d. A.) fürfließen haben, das nit abgegraben mag werden, und wo es müglich, soll dies Wasser durch alle Gräben mit einem Lauf um das ganz Schloß geleitet werden...« Die Pläne für die Stadt zeigen, daß sie nach ei-

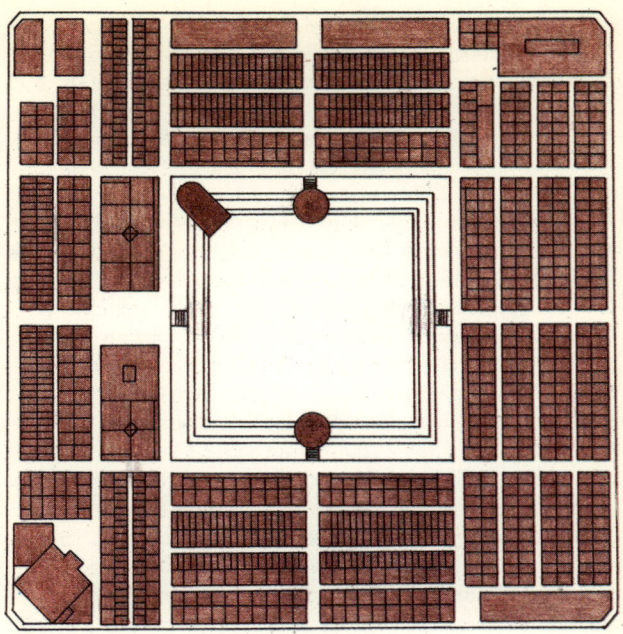

Plan einer Idealstadt von Albrecht Dürer

nem quadratischen Grundriß angelegt sein soll, wobei die
Ecken nach den vier Himmelsrichtungen ausgerichtet
sind.

Die größte Fläche in diesem Geviert mit einer Seitenlänge von 1,5 km nehmen die Befestigungsanlagen ein.
Sie besitzen eine Breite von mehr als 300 m, weisen drei
Wassergräben und nach innen, zur Stadt hin, höher wer-
dende Wälle auf. Zugang erhält die Stadt durch ein
Haupttor an der Nord-Ost-Seite und ein weiteres, kleineres Tor an der Nord-West-Seite. Fallbrücken über den
breiten Gräben verwehren dem Feind den Zutritt.

Im Innern dieses Mauerrings liegt die eigentliche
Stadt. Sie ist schachbrettartig angelegt und besteht aus 16
quadratischen Wohnquartieren. Die vier inneren Quartiere sind noch einmal von einem Graben und einer
Mauer umgeben und umgrenzen die Fläche für das kö-

nigliche Schloß. Die Zugänge zum Schloß sind durch vier Türme verstärkt; nach Osten ist ein fünfter, größerer Turm angeordnet, der einen weiten Blick über Stadt und Land gestattet. Die übrigen 12 Quartiere, mit einer Seitenlänge von etwa 200 m, nehmen die Wohnquartiere, Werkstätten, Plätze, Straßen und öffentlichen Gebäude auf.

Will man die Stadt vom Haupteingang her betreten, muß man zunächst über eine Holzbrücke gehen, das Haupttor durchschreiten und auf einer zweiten Brücke den Hauptgraben überqueren; erst dann gelangt man über einen weiteren Graben und den höchsten Wall in die Stadt. Zuerst geht man an Soldatenquartieren vorbei, dann folgen die Häuser der Edelleute. Schließlich gelangt man auf den Markt; zur Rechten befinden sich das Rathaus, geradeaus der Zugang zum Schloß, zur Linken reihen sich die »Herrenhäuser«. Um das Schloß mit seinem Graben sind in jedem der zwölf Quartiere andere Berufsgruppen bzw. unterschiedliche Gewerke zu finden. In den ersten beiden Quartieren wohnen – wie schon beschrieben – Soldaten und Vornehme. Im dritten Quartier liegen die Kirche, das Pfarrhaus und mehrere Reihen von Häusern für Händler. Im vierten und fünften Quartier, nahe dem Schloß, wohnen die Gold- und Silberschmiede und die Händler mit Spezereien, dahinter die Fleischer und, zur Wallanlage hin, die Bierbrauer. Im sechsten Quartier befinden sich ein großes Speichergebäude für Lebensmittel und mehrere Häuserzeilen für verschiedene Handwerker, wie Goldschmiede, Maler, Bildhauer, Steinmetze und Zinngießer. Auch die nächsten beiden Quartiere nehmen Handwerker, wie Kürschner, Schuster, Sattler, Leineweber, Zeltmacher und Händler, auf. Im neunten Quartier liegen eine Holzwerkstatt und Wohnhäuser für Wagner, Schreiner und Zimmerleute. Im zehnten und elften Quartier befinden sich zwei große Zeughäuser für die Aufnahme von Rüstungen und Waffen. Gleichzeitig sollen sie Getreide in solcher Menge aufnehmen, daß die Stadtbevölkerung damit für ein Jahr versorgt ist. Die restliche Fläche ist mit Häusern für Werkleute gefüllt, die teils auf dem Acker, teils als Holzarbeiter tätig sind. Hier befinden sich auch zwei

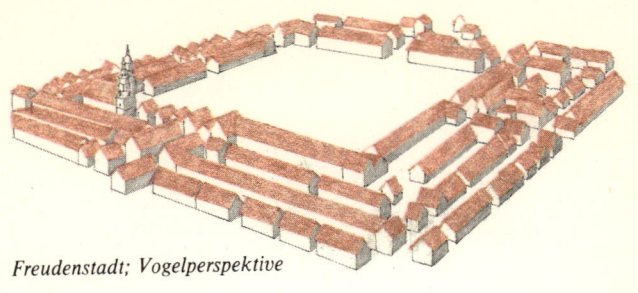

Freudenstadt; Vogelperspektive

Badehäuser – eins für Männer und eins für Frauen. Im letzten Quartier sollen die sogenannten Gießhütten und die Wohnhäuser für die dort Beschäftigten angelegt werden. Sie erhalten ihren Platz an der Südseite der Stadt, um die Bewohner – Südwind weht selten – vor Rauch zu schützen.

In Dürers Stadtplan vermißt man Hospitäler und Klöster. Ungewöhnlich ist bei der erheblichen Größe der Stadt auch, daß es nur einen großen Markt und nur eine Kirche gibt. Insgesamt erscheint die Stadt wie ein moderner Produktionsbetrieb organisiert, in allen Teilen vernünftig durchdacht und ohne Unregelmäßigkeit. Für Armut, Alter und Krankheit, aber auch für Freuden, Spiele und Versammlungen scheint kein Platz.

Dürers Plan für eine Idealstadt wurde nicht verwirklicht, aber er wurde später zum Vorbild für Heinrich Schickhardt (1558–1634), der von Herzog Friedrich von Württemberg mit der Planung von Freudenstadt im Schwarzwald beauftragt worden war (nach 1599). Ähnlich wie in Dürers Idealstadt führen auch hier die rechtwinklig umlaufenden Straßen und die geschlossenen Hauszeilen um einen großen quadratischen Platz in der Mitte. Das ursprünglich auf dieser Fläche geplante Schloß wurde allerdings nie realisiert.

Zwei Jahrzehnte nach dem Baubeginn von Freudenstadt (1619) fertigte der Theologe Johannes Valentin Andreae (1586–1654) einen Entwurf für eine ideale Stadt an, die er Christianopolis nannte. Als eigentlichen Inhalt seiner Reform sah er die Erhaltung des Friedens an; er forderte die Gleichheit der Bürger und erwartete die Ver-

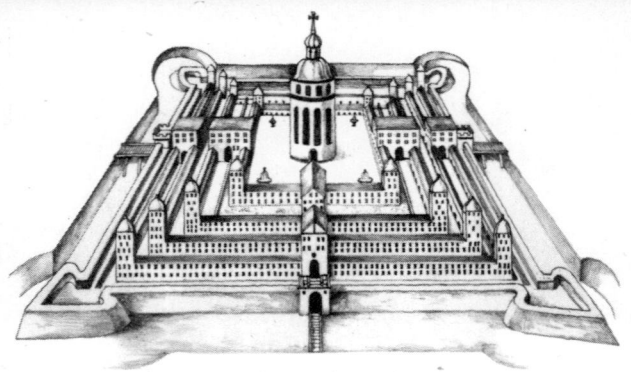

Plan von Christianopolis

achtung der Reichtümer. Diese Ziele wollte er durch ein hochentwickeltes Erziehungssystem, gemeinsame Bewirtschaftung der Stadt und durch Aufhebung des Privateigentums an Grund und Boden erreichen.

Das Aussehen der Stadt, für die er auch einen Plan zeichnete, beschreibt er folgendermaßen: »Sie ist von quadratischer Form, jede Seite siebenhundert Fuß (etwa 220 m, d. A.) lang. Durch vier Bollwerke und eine Mauer ist sie ausreichend gesichert. Sie ist genau nach den vier Himmelsrichtungen ausgerichtet. Die Befestigung ist durch acht starke Türme gewährleistet, die sich über die Stadt verteilen, dazu sechzehn weitere, die kleiner, aber auch nicht zu verachten sind, und die nahezu unüberwindliche innere Burg. An Häusern gibt es zwei, oder, wenn du die Regierungsgebäude und die städtischen Vorratshäuser hinzuzählst, vier Reihen, nur eine öffentliche Straße und einen einzigen, aber großzügig angelegten Marktplatz… Jedes Haus hat drei Stockwerke, zu denen offen zugängliche Treppenanlagen führen… Alle Häuser sind aus Backstein gebaut, die Hauswände so voneinander getrennt, daß ein Feuer keinen größeren Schaden anrichten kann. Es gibt reichlich Quell- und Leitungswasser; von Natur und kunstvollen Leitungen wird es geliefert. Alles macht denselben Eindruck, sieht weder aufwendig noch vernachlässigt aus, und frische Luft wird reichlich zugeführt, so daß man frei atmen kann. Hier leben etwa 400 Bürger (offenbar werden nur die Männer als

Bürger gezählt, d. A.) in Frömmigkeit und ungetrübtem Frieden.«

Die im Karree angeordneten Baublöcke sind in drei Zonen mit unterschiedlicher Funktion angeordnet. Der äußerste, dem Stadtgraben am nächsten stehende Baublock nimmt die landwirtschaftlichen Gebäude, die Bäckereien und Mühlen, das Schlachthaus und das Vorratsgebäude, die Hüttenwerke und die metallverarbeitenden Betriebe auf. Die beiden mittleren, durch eine Straße getrennten Baublöcke dienen dem Wohnen. Im innersten Baublock haben »die Religion, die Gerechtigkeit und die Bildung ihren Wohnsitz«. Im Zentrum steht eine große, im Grundriß runde Kirche, die in ihrem Obergeschoß den Ratssaal beherbergt.

Andreae stieß mit seinen reformatorischen Bestrebungen auf viel Kritik, besonders aus den Reihen der Kirche. Seine Ziele konnte er – allein schon durch den Beginn des Dreißigjährigen Krieges – nicht verwirklichen; und so wandte er sich schon bald praktischen Aufgaben wie der Linderung der Kriegsnot zu, gründete eine Stiftung und half beim Wiederaufbau seiner durch den Krieg zerstörten Heimatstadt.

Residenzstädte

Die Zeit nach dem Dreißigjährigen Krieg (1618–1648), dessen Zerstörungen tiefe Spuren hinterlassen hatten, brachte für die Stadtentwicklung einen neuen Ansatzpunkt. Viele Städte hatten seitdem endgültig ihre mittelalterliche Geschlossenheit und Selbständigkeit verloren und gerieten in die Abhängigkeit eines regionalen Herrschaftsgefüges. Seit dieser Zeit konsolidierte sich die Macht von Fürstenhäusern und Königen, und in ihrer Folge wurden den Residenzen in steigendem Maße Verwaltungsaufgaben übertragen. In den Residenzstädten flossen nun Einnahmen, die in Form von Abgaben, Steuern und Zöllen erhoben wurden, zusammen. Sie wurden nicht nur für die Hofhaltung und die Erweiterung der Schlösser ausgegeben, sondern dienten auch der Verbesserung der Infrastruktur des Landes. So begann man zu dieser Zeit in größerem Umfang mit der Regulierung von Flüssen, legte sumpfige Niederungen trocken, baute Kanäle und Straßen. Noch heute erinnern uns schnurgerade, auf einen Kirchturm zuführende Straßen, Eichenalleen mit ihren mächtigen Baumreihen und regelmäßig zwischen Abzugsgräben und Kanälen angelegte Landstücke an diese Zeit innerer Kolonisation. Sie wurde durch Einwanderung gefördert, da sich in der Folge von Reformation und Gegenreformation viele Menschen eine neue Heimat suchen mußten.

Der größere Teil der Einnahmen wurde jedoch in der Residenz verbraucht. Mit hohen Kosten waren besonders die Ausstattung des Heeres und die für notwendig gehaltenen Verteidigungsbauten verbunden. Was bei den Planungen der Renaissance noch weitgehend eine Idee war und nur bei wenigen Städten realisiert worden war – der Bau eines gewaltigen Festungsgürtels um die Stadt –, wurde jetzt verwirklicht. Für den Bau umfangreicher Verteidigungsanlagen sprachen zwei Gründe: Einerseits glaubte man nach den Erfahrungen des Dreißigjährigen Krieges, sich besser schützen zu müssen, andererseits erforderte die Entdeckung des Schießpulvers eine erhebliche Ausdehnung und Umrüstung der Verteidigungsanlagen. Die mehrfache Reichweite und die stärkere Schußkraft der Feuerwaffen hatten die mittelalterlichen Mauerringe schnell zu einem Opfer der Zerstörung werden lassen; ja, es war jetzt kein Problem mehr, mit den modernen Waffen über die Stadtmauer hinwegzuschießen und in den Städten verheerende Zerstörungen anzurichten. So legte man vor vielen Städten – wie schon von Dürer in seinem Idealplan beschrieben – einige hundert Meter breite Verteidigungsanlagen an. Mehrere in ihrer Höhe zur Stadt hin ansteigende Erdwälle und dazwischen liegende Wassergräben versprachen einen besseren Schutz. Diese Verteidigungsanlagen verstärkte man mit Bastionen, die mit Kanonen bestückt waren, sicherte man durch Kasematten und Gänge, die Nachschub und Bewegung der Soldaten gewährleisteten, und verbesserte man durch Fallbrücken, die einen schnellen Angriff der Städter auf die feindlichen Truppen ermöglichen sollten, so daß die Residenzstädte zu schwer einnehmbaren Festungen wurden. Man spricht daher von den Festungssternen des Barocks.

Für die Stadtentwicklung bedeutete die Umgestaltung des Umlandes einen tiefen Eingriff, denn jetzt wurden jede Mühle oder jedes vor der Stadt gelegene Kloster, jeder Vorort oder die an einer Ausfallstraße gelegene Häuserzeile zu einem strategischen Hindernis. Man riß viele dieser Gebäude daher einfach ab. Noch einschneidender jedoch war, daß von nun an eine Stadterweiterung nur mit einem ungeheuren Bauaufwand zu realisieren war; denn alte Bastionen mußten abgerissen, Gräben zugeschüttet, das Wasser umgeleitet und neue Verteidigungsbauwerke errichtet werden. Die meisten Städte konnten sich unter diesen Bedingungen kaum noch eine Vergrößerung ihrer Fläche leisten; ja, sie schien eigentlich nur in einer Residenzstadt möglich. So waren die zu Festungen gewordenen Städte bald überfüllt, die Häuser mußten aufgestockt und die Gärten in Wohnland verwandelt oder für Werkstätten und Manufakturen genutzt werden. Die Behauptung, daß die mittelalterlichen Städte eng, schmutzig und überfüllt waren, wurde erst in dieser Zeit Wirklichkeit. Wundert es uns da, daß die Herrscher ihre Städte verließen und sich eine Sommerresidenz bauten und, als es sich mit beidem schlecht regieren ließ, an neue Residenzstädte dachten?

Und ein Drittes veränderte das Aussehen der Städte in dieser Zeit: Während man noch bis in das 16. Jh. jährlich Soldaten aushob und nur in den Sommermonaten gekämpft hatte, genügten diese schlecht ausgerüsteten und regellos zusammengesetzten Haufen nicht mehr den Anforderungen einer modern ausgerüsteten Armee. So ersetzte man die bis dahin aus der Landbevölkerung rekrutierten Soldaten durch ein stehendes Heer, dessen Offiziere zunächst aus dem Adel, später auch aus dem Bürgertum kamen. Bisher hatte das Zeughaus für die Ausrüstung der Soldaten genügt, denn »auf Feldzügen ernährte der Krieg sich selbst«; das heißt, die Soldaten lebten von Plünderungen. Für ein stehendes Heer bedurfte es anderer Voraussetzungen, besonders einer Vielzahl von Gebäuden: Magazine für die Versorgung der Truppe, Arsenale für die Waffen, Ställe für die Pferde und später auch Kasernen für die Soldaten. Diese Gebäude nahmen in den Residenzstädten eine Fläche ein, die mit der der mittelalterlichen Kirchen vergleichbar war. Die neuen Bauwerke legte man ringförmig um die Stadt – nahe den Wallanlagen – an, um Waffen, Munition und Mannschaften schnell an den jeweiligen Verteidigungsort bringen zu können. Damit nicht genug: Jetzt mußte das neue stehende Heer auch ausgebildet und gedrillt werden. Dafür benötigte man Exerzierplätze und geeignete Straßen. Außerdem sollten die Soldaten einheitlich gekleidet und bewaffnet werden; dazu bedurfte es Manufakturen, die man auf königlichen oder fürstlichen Befehl errichten ließ. Die hierfür notwendigen Gebäude veränderten ebenfalls das Gesicht der Stadt. So wirkten die Städte des Barocks nach außen wie eine gut organisierte Festung, die in ihrem Innern den unregelmäßig gewachsenen Kern der mittelalterlichen Stadt umschloß.

Ganz isoliert von der Umgebung waren die Städte jedoch nicht. Bald erhielten sie einen repräsentativen Zugang durch eine breit und schnurgerade angelegte Ausfallstraße, die meist zu einem neuerrichteten Lust- oder Jagdschloß führte. Diese Achse wurde jetzt zu einem Schwerpunkt in der städtebaulichen Gestaltung. An ihrem einen Ende baute man die Burg zu einem Schloß um, gestaltete die Fassaden symmetrisch, erweiterte die vorhandenen Baukörper durch neue Flügel und gruppierte diese um einen Ehrenhof. Am anderen Ende der Achse befand sich die Sommerresidenz oder ein anderes kleineres Schloß, das von einer französischen Gartenanlage, einem neuen städtebaulichen Element, umgeben war. Dieser Garten – mit einer Fontäne im Zentrum, mit von Hecken und Blumenrabatten umgebenen Wegen, geschmückt mit Plastiken und Amphoren – schien von spielerischer Leichtigkeit, repräsentierte aber Machtfülle und Machtwirken der absolutistischen Herrscher. Vergessen wir auch nicht, daß das Ausheben eines Gartenparterres, die Regelmäßigkeit einer vielstufigen Terrassenanlage, der Bau von künstlichen Teichen und das Anlegen von Kanälen den Einsatz Hunderter von Menschen erforderte. Die erstaunlich schnelle Fertigstellung der Schlösser und Anlagen läßt uns nach den Mitteln und Methoden der Arbeitskräftebereitstellung fragen. Während es im Mittelalter eine selbstverständliche Pflicht war, gemeinsam und freiwillig zur Verteidigung einer Stadt durch den Bau einer Mauer beizutragen, verbargen sich hinter den großen, in die Landschaft greifenden Gartenanlagen autoritäre Machtstrukturen. Stadt- und Landbevölkerung wurden hier zu Leistungen verpflichtet, mit deren Zielsetzung und Nutzen sie sich kaum identifizieren konnten.

Mit dem Bau einer französischen Gartenanlage und eines Jagd- oder Lustschlosses wurde der Auszug der Herrschenden aus der Stadt offensichtlich. Durch den Bau einer Sommerresidenz schließlich verlor die Stadt ihre politische Mitte. Das Zentrische und Statische der politischen Herrschaft wurde durch einen Bewegungsraum − eine Achse − ersetzt. So führte der Weg des Herrschers an gleichmäßig bebauten Straßen und regelmäßig angelegten Plätzen entlang zur Sommerresidenz. Die Wohnhäuser bildeten eine Kulisse und symbolisierten durch ihre geringere Höhe gegenüber dem Schloß den Kontrast zwischen Herrscher und Abhängigen. Daß man nun die regelmäßig errichteten Wohnhäuser gegenüber den alten Stadtkernen als schöner empfand, bestätigt uns Descartes: »Man kann feststellen, daß die Gebäude, die ein einziger Architekt geplant und ausgeführt hat, im allgemeinen eleganter und bequemer sind als jene, die mehrere zu verbessern versucht haben… Daher sind auch jene alten Städte, die zuerst nur Dörfer waren und im Laufe der Zeit zu großen Städten geworden sind, gewöhnlich nur schlecht angelegt, wenn man sie mit den regelmäßig gebauten Städten vergleicht, die ein erfahrener Architekt auf einer weiten Ebene frei geplant hat. Obwohl als die einzelnen Gebäude jener Stadt diejenigen der jüngeren häufig an Schönheit erreichen oder gar übertreffen, so ist man doch − betrachtet man ihre unüberlegte Anordnung, hier ein großes, dort ein kleines, und die sich daraus ergebenden krummen und unregelmäßigen Straßen − geneigt zu sagen, daß eher der Zufall als irgendein menschlicher Wille zu solcher Anordnung geführt haben müssen.«

Für diese Entwicklung gibt es viele Beispiele großer und kleiner Residenzen in Europa; so Paris, Berlin, Pots-

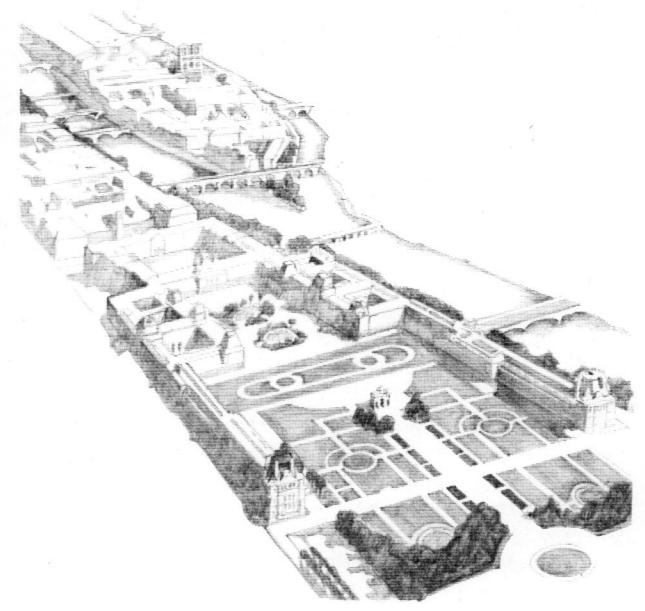

Luftbild von Paris; im Vordergrund der Louvre, im Hintergrund die Seine-Insel mit Notre Dame

dam und Petersburg. Es gab aber auch Ausnahmen, bei denen sich mittelalterliche Strukturen erhielten, zum Beispiel in Amsterdam.

Paris war bereits im Mittelalter eine der größten Städte Europas. Die Stadt, zu beiden Seiten der Seine und auf einer Insel in der Flußmitte gelegen, wurde im 16. Jh., nach 1528 endgültig, französische Hauptstadt. Das führte zu einem systematischen Ausbau und zu einer ständigen Erweiterung. So vervierfachte sich die Einwohnerzahl vom 15. bis zum Anfang des 17. Jh. von 100 000 auf 400 000. Ein neuer Mauerring schuf Platz für neue Wohnviertel, der Ausbau von Straßen und Plätzen wurde systematisch und unter zentraler Leitung in Angriff genommen, der Louvre mit dem Tuileriengarten zu einer monumentalen Anlage umgestaltet. Diese Achse, unter Ludwig XIII. begonnen, wurde unter Ludwig XIV. bis zum Place de la Concorde geführt und später unter Napoleon durch den Place de l'Etoile mit dem Arc de Triomphe ergänzt.

Ludwig XIV. ließ außerhalb der Hauptstadt, etwa 15 km von Paris entfernt, eine neue Residenz errichten: Versailles. Stadt und Schloß sollten später zu einem Vorbild für viele Residenzen werden. Das Areal dieses Schlosses mit seiner in die Landschaft greifenden Gartenanlage besaß die Größe des mittelalterlichen Stadtkerns von Paris. Beide, Schloß und Gartenanlage, bildeten eine

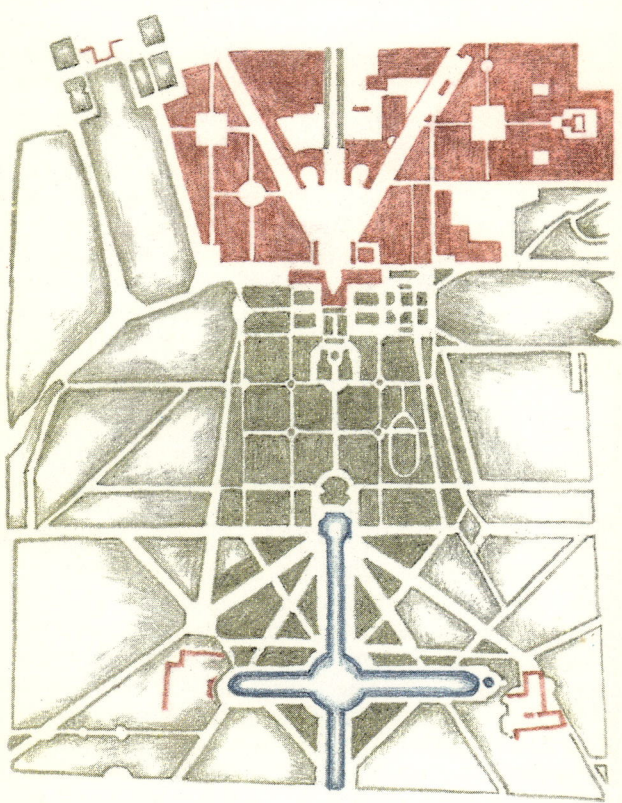

Plan von Versailles; oben die Stadt; Mitte − in der Achse − das Schloß, unten der Park mit Wasserbecken

großartige Kulisse für Machtdemonstration und Selbstdarstellung des Sonnenkönigs; die Stadt dagegen mit ihren drei auf das Schloß zuführenden Straßen trat in ihrer Bedeutung zurück.

Zu den kleineren Residenzen, die dem französischen Vorbild folgten, gehört Berlin. Der Stadtplan von Gregor Memhard aus dem Jahre 1652, also wenige Jahre nach dem Dreißigjährigen Krieg entstanden, zeigt einen »Grundriß der beyden Churfürstlichen Residentz Stätte Berlin und Cölln an der Spree«, die in Umriß und Gestalt noch ganz die mittelalterliche Struktur aufweisen. Nur im Westen der Stadt läßt sich – ausgehend vom Schloß – ein Ansatz für die Erweiterung der Stadt erkennen. Die Neuanlage der »Straße unter den Linden« mit ihren mehreren Baumreihen wurde zu einem wesentlichen Element der barocken Residenz. Diese Straße, die nach einigen Kilometern die Achse des Schlosses Charlottenburg kreuzt, war der Ausgangspunkt für die weitere Stadtplanung. Südlich und nördlich dieser Achse erweiterte sich die Stadt regelmäßig. In ihrer Größe kam sie schon nach wenigen Jahrzehnten der Fläche der Altstadt gleich. Mitte des 18. Jh. wurde der südliche Teil dieser Stadterweiterung – die Friedrichstadt – durch drei strahlenförmig aufeinander zulaufende Straßen zusammengeführt. Damit erhielt Berlin eine der für diese Zeit berühmten Dreistrahlanlagen, deren Vorbild die zusammenlaufenden Straßen an der Piazza del Popolo in Rom, am Schloß von Versailles und an der Admiralitätswerft in Petersburg waren.

Seit dem 17. Jh. wurde auch Potsdam zur Residenz ausgebaut. Im Jahre 1660 hatte Friedrich Wilhelm, der Große Kurfürst, beschlossen, den wenig bemerkenswerten Ort zu seiner zweiten Residenz auszubauen. Ein Stich von 1672 läßt das gerade fertiggestellte Schloß mit seiner regelmäßigen Gartenanlage und einen Ort – aus einer Kirche und einigen Häusern bestehend – erkennen, der mehr den Charakter eines Dorfes besaß. Das Motiv für die Wahl dieses Ortes lag in der Jagdleidenschaft des Großen Kurfürsten, der die Regierungsgeschäfte mit seinen persönlichen Interessen verbinden wollte.

Der eigentliche Ausbau zu einer Stadt begann erst ein

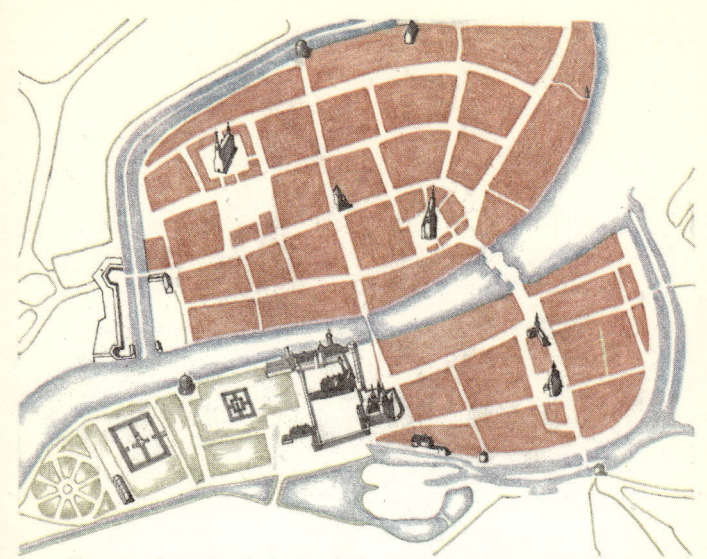

*Plan der Doppelstadt Berlin-Cölln 1648 von Johann Gregor Mem-
hard; oben Berlin, rechts unten Cölln, links unten die Schloßinsel*

halbes Jahrhundert später unter Friedrich Wilhelm I.,
dem Soldatenkönig. Er verlegte mehrere Regimenter
nach Potsdam und ordnete an, daß jeder Bürger einige
Soldaten aufzunehmen habe.

In seiner Regierungszeit wurde die Stadt zweimal – jeweils nach Norden – erweitert (1722 und 1733). Die regelmäßig angelegten Häuser erhielten fünf Achsen; ein
Haus glich dem anderen. Rechts und links des Eingangs
befanden sich zwei Fenster; über diesem der Zwerchgie-
bel, hinter dem sich die Soldatenstube verbarg. Als Friedrich Wilhelm I. starb, hatte sich die Einwohnerzahl seit
dem Beginn seiner Herrschaft auf das Siebenfache vergrößert; allerdings waren von den fast 12 000 Einwohnern
4000 Angehörige des Militärs. Jetzt erst konnte man eigentlich von einer Stadt sprechen. Hier wurde Preußens
Ruf als Militärstaat begründet. Potsdam kann als Beispiel
für Ordnung und Sparsamkeit im Städtebau angesehen
werden.

Die geordneten Finanzen und die volle Kasse, die Friedrich Wilhelm I. seinem Sohn Friedrich II. hinterließ, nutzte dieser zur Realisierung von Bauten, die seinem sparsamen, ja geizigen Vater völlig zuwider gewesen waren. Das Stadtschloß wurde ausgebaut, Sanssouci wurde angelegt, und die neuen Wohnhäuser der Stadt bekamen ein repräsentatives Aussehen. Am Ende des 18. Jh. hatte sich die Einwohnerzahl fast noch einmal verdoppelt. Mit 20 000 Einwohnern war Potsdam zwar – verglichen mit Paris und London, den Weltstädten dieser Zeit – ein Dorf, aber es besaß ein bemerkenswert einheitliches Aussehen, eine Reihe schöner Schlösser in wald- und seenreicher Landschaft und 8000 Soldaten – was die Lieblichkeit der Umgebung etwas dämpfte.

Nach der Wende zum 19. Jh. verlagerte sich die Regierungstätigkeit der preußischen Könige wieder mehr nach Berlin, aber es blieben Militär- und Verwaltungsbehörden, so daß der Ort den Charakter einer Beamtenstadt erhielt.

Neue Vorstädte, weitere Schlösser, vergrößerte Gärten und zahlreiche Kasernen prägten das Bild im 19. Jh. Villen reihten sich an den Ausfallstraßen aneinander, die noch heute den Eindruck von bürgerlicher Saturiertheit erkennen lassen.

Auch Petersburg zeigt die charakteristischen Elemente einer barocken Stadtanlage. Der Bau der Stadt begann nach der Eroberung der schwedischen Festung Nyenschanz, die an der Mündung der Newa gelegen war. Mit der Gründung der Stadt verfolgte Peter der Große mehrere Ziele: Einerseits wollte er durch den Neubau der Stadt eine starke Festung gegen Schweden besitzen, andererseits versuchte er durch die Anlage eines Hafens, Rußland dem Westen zu öffnen. Darüber hinaus bot diese Stadt als zukünftige Hauptstadt die beste Möglichkeit, neue Verwaltungsstrukturen zu schaffen.

Die wichtigsten Bauensembles Petersburgs lassen diese Funktionen erkennen. Der älteste Schwerpunkt im Stadtbild ist die Peter-und-Pauls-Festung, die sich, auf einer Insel gelegen, von den weit auseinander liegenden Ufern deutlich abhebt. Der zweite Schwerpunkt entstand mit der Admiralitätswerft am linken Newa-Ufer. Sie war ebenfalls ursprünglich als Festung angelegt. Der dritte Schwerpunkt lag auf einer Insel zwischen den beiden Newa-Armen. Hier sollte das Zentrum der Stadt mit Wohnhäusern und dem sogenannten »Zwölf-Kollegien-Gebäude«, der obersten Verwaltungsbehörde, Platz finden. Die Lage dieser Gebäudekomplexe erwies sich bald als problematisch, da sich die 300 bis 600 m breite Newa für den städtischen Verkehr als hinderlich erwies. Zwei Brände in den dreißiger Jahren des 18. Jh. gaben den Anlaß, das Stadtgebiet südlich der Admiralitätswerft neu zu ordnen und damit den Schwerpunkt und das Zentrum der Stadt zu verlagern. Die beiden schon bestehenden, auf die Admiralität zuführenden Straßen wurden hier durch eine dritte ergänzt und ergaben das Gerüst für die weitere Entwicklung der Stadt.

Wie auch die anderen europäischen Residenzstädte war Petersburg von Sommerresidenzen umgeben. Die größten unter ihnen, Peterhof und Zarskoje Selo, wurden durch Bartolomeo Francesco Rastrelli (1700–1771) Mitte des 18. Jh. umgestaltet und zu gewaltigen Baukomplexen erweitert.

Eine wesentliche Anregung für den Bau von Petersburg hatte Peter der Große von seiner Reise nach Westeuropa im Jahre 1697 aus Amsterdam mitgebracht. Diese Stadt hatte ihn wegen der Tüchtigkeit ihrer Bewohner, wegen des weltweiten Handels und wegen ihrer Sauberkeit so beeindruckt, daß er seiner Stadt zunächst den holländischen Namen »Sankt Pieter Burck« gab.

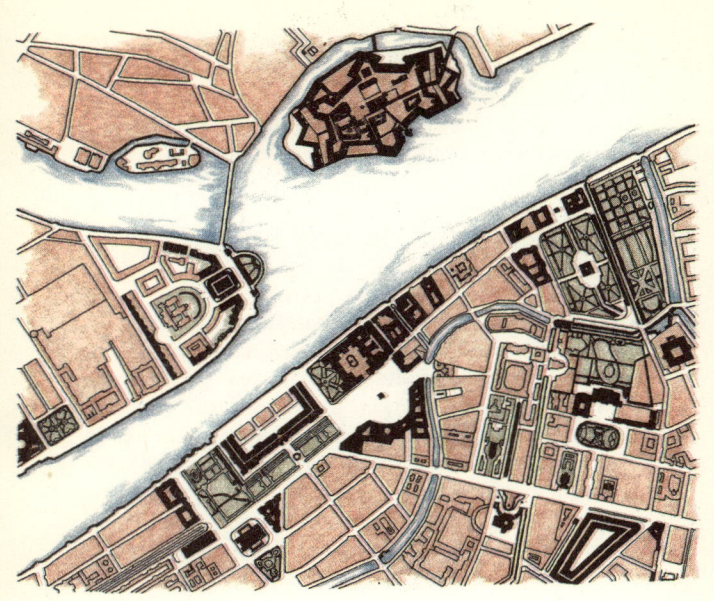

Stadtplan von Petersburg

Amsterdam besaß aber – im Gegensatz zu den bisher genannten Residenzstädten – keine symmetrischen Straßenanlagen, keine repräsentativen weiten Plätze und keine aufwendigen Schloßbauten. Seine Bedeutung erhielt es nicht als Zentrum eines Gebietes, sondern sie beruhte in ökonomischer Hinsicht auf dem Seehandel und in sozialer Hinsicht an der Beibehaltung und Weiterentwicklung der mittelalterlichen Verhältnisse. Die Stadtanlage wurde im 16. und 17. Jh. mehrfach erweitert und man hielt dabei an der aus dem Mittelalter stammenden Konzeption fest. Das bewährte System der Grachten, der regelmäßig angelegten Wasserstraßen, wurde systematisch ausgebaut, so daß am Ende des 17. Jh. mehrere Ringe neuer breiter Grachten den mittelalterlichen Stadtkern umschlossen. Diese Grachten waren jeweils 25 m breit, so daß sie den Schiffsverkehr in beiden Richtungen aufnehmen konnten, gleichzeitig aber auch Platz zum Be- und Entladen der Schiffe boten. Zu beiden Seiten der

Grachten lagen die Wohnhäuser, die auch als Lager und Werkstätten genutzt wurden. Amsterdam bewies so, daß das Bürgertum, wenn es auf seine Geschicke Einfluß nehmen konnte, noch immer eine überzeugende Leistungsfähigkeit und eine die Stadt prägende Kraft besaß.

Industrielle Revolution und Expansion der Städte

Als Reaktion auf die absolutistische Herrschaft von Fürsten und Königen und in der Hoffnung auf wirtschaftliche Unabhängigkeit entstanden Mitte des 18. Jh. neue Staats- und Wirtschaftstheorien. In ihnen wurde eine Ablösung des feudalen Ständestaates durch das aufstrebende Bürgertum gefordert, um diesem persönliche Freiheit, politische Gleichheit und schließlich auch ökonomische Entfaltungsmöglichkeiten zu bieten. Neue Staatsideen setzten sich zuerst in Nordamerika mit der Unabhängigkeitserklärung der Vereinigten Staaten und in der Französischen Revolution durch. Während der napoleonischen Fremdherrschaft führten sie in Europa zur Erweckung eines politischen Nationalbewußtseins in vielen Ländern.

Am Beginn des 19. Jh. war das Wachstum der Städte zunächst noch bescheiden, und so versuchte man die neuen Bauten in die bestehenden barocken Erweiterungen zu integrieren. Für den Ausbau von Hafen- und Stapelplätzen, die Errichtung von Lager- und Markthallen und die Anlage von Fabriken fand man am Stadtrand Platz. Aber auch innerhalb der Städte suchte man neues Baugelände, zum Beispiel für die Bildungsbauten, die das Selbstverständnis dieser neuen Klasse repräsentierten. Bürgerschulen und Universitäten, Bibliotheken und Museen, Theater und Börsen entstanden zum Teil an schon älteren Platzanlagen. Häufig dienten die Bauformen der Antike diesen Bauten als Vorlage. Besonders der griechische Tempel – oft nur das Rudiment eines Säulenportikus – schmückte die Fassaden der öffentlichen Gebäude. Auch Formen römischer und ägyptischer Kunst standen als Triumphtore, Obelisken und Pyramiden im Blickpunkt repräsentativer Straßenachsen. Beispiele für

Das Brandenburger Tor in Berlin

eine klassizistische Platzgestaltung findet man wiederum
in Berlin. Die schachbrettartig angelegte Friedrichstadt
bot durch ihre Baublöcke im Innern und durch die Anlage neuer Tore und dazugehöriger Plätze am Rande günstige Voraussetzungen für großzügige Platzgestaltungen.
Im Süden war das »Rondell« entstanden, ein kreisförmi-
ger Platz, auf dessen Mitte, noch ganz in barocker Ma-
nier, drei Straßen zuliefen. Im Westen wurden nun zwei
Plätze umbaut, der eine bildete im Grundriß ein Okto-
gon, der andere, der Platz vor dem Brandenburger Tor,
ein Rechteck. Das Brandenburger Tor entstand als Blickpunkt der barocken Paradestraße »Unter den Linden«. Es

Der Gendarmenmarkt in Berlin, heute Platz der Akademie

105

Die Börse in Petersburg, im Hintergrund die Admiralität

wurde in den Jahren von 1789 bis 1791 nach einem Entwurf von Carl Gotthard Langhans errichtet und gilt als erstes bedeutendes Bauwerk des Berliner Klassizismus. Als Vorbild für den gewaltigen Torbau mit seinen fünf Durchgängen dienten die Propyläen in Athen. Der auf der Stadtseite des Tores gelegene Platz, später Pariser Platz genannt, erhielt eine regelmäßige Randbebauung und gibt so dem Ende der Straße »Unter den Linden« einen repräsentativen Abschluß.

Ein weiterer berühmter Platz befindet sich an der Ostseite der Friedrichstadt. Der Gendarmenmarkt besitzt keinen axialen Zugang von den großen Straßen und bot schon dadurch günstige Voraussetzungen für eine bürgerliche Platzgestaltung. Seine Größe von drei Wohnquartieren gewährte ausreichend Raum für die Gestaltung eines städtebaulichen Ensembles. Auf dem nördlichen und südlichen Karree wurden auf königlichen Befehl die kleinen barocken Kirchen durch massive Turmbauten ergänzt (1780–85, von Gontard). Mit dem von 1800 bis 1802 auf dem mittleren Karree erbauten Nationaltheater und dem nach einem Brand im klassizistischen Stil errichteten Schauspielhaus durch Karl Friedrich Schinkel erhielt der Platz seinen endgültigen Charakter (1818–21).

Der Baukörper des Schauspielhauses besteht aus zwei sich durchdringenden Giebelbauten, wobei der kürzere, aber höhere, nach Ost-West ausgerichtete Baukörper durch einen Portikus im Osten den Zugang zum Theater und die Platzmitte betont. Die räumliche Wirkung dieses Platzes beruht auf dem Gegensatz der plastischen Gestaltung von öffentlichen Gebäuden in seiner Mitte und den bürgerlichen Wohnbauten an seinem Rande. Dieser Gegensatz läßt ihn zu einem der schönsten Beispiele bürgerlichen Selbstbewußtseins werden.

Eine weitere bemerkenswerte städtebauliche Anlage finden wir in der Börse in St. Petersburg. Sie bildet neben der Peter-und-Pauls-Festung am rechten Newa-Ufer, dem Winterpalais und der Admiralitätswerft einen weiteren Schwerpunkt im Stadtbild. Auf einer Insel zwischen zwei Newa-Armen, der Strelka, erhebt sich ein gewaltiger Giebelbau, der von einem Säulenumgang umgeben ist. In die Gestaltung dieses Gebäudes wurde die gesamte Inselspitze, die von den Ufern der Newa weithin sichtbar ist, mit einbezogen. Eine großzügige Terrassenanlage mit halbkreisförmigem Abschluß und geschwungenen Rampen führt bis an das Wasser der Newa hinab. Rechts und links dieser Anlage zieren die Inselspitze zwei mit

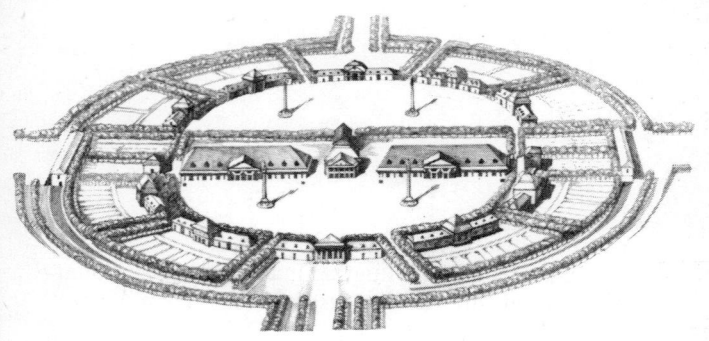

Projekt für die Stadt Chaux, nach Ledoux; in der Mitte des Platzes das Gebäude des Salinendirektors, rechts und links die Gebäude für die Salzgewinnung

Schiffsschnäbeln geschmückte Säulen – hier diente römische Architektur als Vorbild. Der Bau lag in den Händen des Franzosen Thomas de Thomon, der im Jahre 1805 mit der Ausführung begann. Die Börse als Zentrum des Handels wurde zum Zeichen der Handelsverbindungen der neugebauten Hauptstadt mit den westeuropäischen Ländern und ihrer Kultur.

Diese beiden Beispiele zeigen, daß die neuen bürgerlichen Bauten am Beginn des 19. Jh. noch keine wesentlichen Veränderungen in die barock geprägten Städte brachten. Erst als durch die beginnende Industrialisierung zahlreiche Fabriken regellos an den Rändern der Städte entstanden, wurde die Erweiterung der Stadt als ein Problem wahrgenommen.

Der Franzose Claude Nicolas Ledoux (1736–1806) stellte bewußt die Produktion in den Mittelpunkt der Stadt. Er war vom französischen König als Inspektor für die Salzgewinnung eingesetzt worden und begann in dieser Funktion mit dem Bau einer neuen Stadt, in deren Zentrum sich eine Anlage zur Salzgewinnung befinden sollte. Im Jahre 1775 wurde mit dem Bau der Stadt Chaux begonnen, die in ihrer Mitte einen großen ovalen Platz erhielt. In der Mitte dieses Platzes befinden sich zwei Gebäude zur Salzgewinnung. Sie rahmen das dazwischenliegende Direktionsgebäude ein. Rings um den großen Platz sind die Wohnhäuser der hier Beschäftigten angeordnet. Nach vierjähriger Bauzeit mußten die Bauarbeiten allerdings abgebrochen werden, da die Finanzen für die weitere Realisierung fehlten.

Die Stadt Chaux blieb eine Ausnahme. Typisch war, daß die beginnende Industrialisierung von Regellosigkeit und Zufälligkeiten in der Stadtentwicklung gekennzeichnet war. Das schnelle Ansteigen der Stadtbevölkerung, Bodenspekulation und Profitsucht führten häufig zu einer geradezu anarchischen Situation in der Stadtentwicklung, eine Situation, die für das gesamte 19. Jh. typisch war.

Das Gleichgewicht zwischen den Städten und ihrem Umland geriet durch diesen Prozeß ins Wanken. Während der Marktplatz bis dahin auch für die Umgebung ein Zentrum des Handels und des Austausches war, verlor er jetzt zunehmend an Bedeutung. Hohen Wert dagegen erlangten die an der Peripherie gelegenen Fabriken, die durch die Produktions- und Arbeitskräfteströme die Stadtentwicklung destabilisierten und die bisher bestehenden sozialen Bindungen zerstörten. Die Gewinnung der Bodenschätze und ihre Verarbeitung bekamen einen so hohen Stellenwert, daß sich jetzt nicht nur Industrie bei den Städten ansiedelte, sondern auch neben Bergwerken und Fabriken Städte wie Pilze aus der Erde schossen. Man kann von einer Ökonomisierung der Gesellschaft sprechen, die sich in drei Bereichen, die selber weitgehend miteinander verzahnt sind, feststellen läßt. Grundlage für diese Entwicklung bildet die Ausbeutung der Bodenschätze, besonders von Kohle und Eisenerzvorkommen, die zur Erfindung neuer industrieller Techniken, wie der Dampfmaschine und des mechanischen Webstuhls, führte und schließlich den Ausbau eines Verkehrswesens vorantrieb.

Die Auswirkungen dieser Entwicklung wurden zuerst in England, dem führenden Industrieland, sichtbar. Die Bevölkerungszahlen explodierten; in einigen Städten verzehnfachten sich die Einwohnerzahlen innerhalb eines Jahrhunderts. Hinter diesen Zahlen verbarg sich ein ungeheures soziales Elend, da das Wachstum der Städte, der Bau von Wohnungen und die Erfüllung bestimmter hygienischer Mindestforderungen mit dieser Entwicklung in keiner Weise Schritt hielten. Als ein Zeuge dieser Zeit

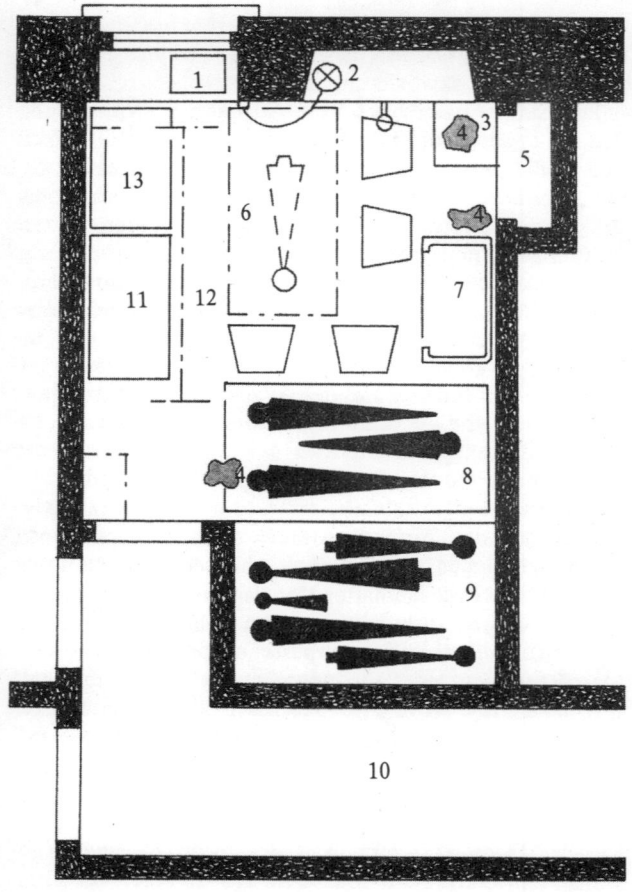

Eine Arbeiterunterkunft für neun Personen. 1 – Waschbecken m. kaltem Wasser; 2 – Gasherd; 3 – Kohlevorrat; 4 – Löcher in der Decke; 5 – Wandschrank; 6 – Matratze für ein Kind; 7 – Schrank; 8 – Bett für drei Kinder; 9 – Bett für Eltern und drei Kinder; 10 – sehr dunkler Flur; 11 – Tisch; 12 – an der Decke befestigte Wäscheleine; 13 – Kommode mit Spiegel

gibt uns Friedrich Engels mit der Beschreibung von Manchester Einsicht in die städtebaulichen und sozialen Verhältnisse.

»Wir haben gesehen, wie in der Altstadt meist der reine Zufall über die Gruppierung der Häuser verfügte. Jedes Haus ist ohne Rücksicht auf die übrigen gebaut, und die winkligen Zwischenräume der einzelnen Wohnungen werden in Ermangelung eines anderen Namens Höfe (courts) genannt. In den etwas neueren Teilen desselben Viertels und in anderen Arbeitsvierteln, die aus den ersten Zeiten der aufblühenden Industrie herrühren, finden wir ein etwas planmäßigeres Arrangement ...« Aber auch diese neueren Stadtteile sehen nicht viel besser aus, denn er schreibt: »... Dazu kommt noch, daß diese Unternehmer, teils um den Mietertrag nicht zu verringern, teils wegen herannahenden Rückfalls des Bauplatzes, wenig oder gar nichts auf Reparaturen verwenden, daß wegen Handelskrisen und der darauffolgenden Brotlosigkeit oft ganze Straßen leerstehen und daß infolge hiervon die Cottages sehr rasch verfallen und in unbewohnbaren Zustand verfallen ... Die Cottages sind alt, schmutzig und von der kleinsten Sorte, die Straßen uneben, holperig und zum Teil ungepflastert und ohne Abflüsse; eine Unmasse Unrat, Abfall und ekelhafter Kot liegen zwischen stehenden Lachen überall herum, die Atmosphäre ist durch die Ausdünstungen derselben verpestet und durch den Rauch von einem Dutzend Fabrikschornsteinen verfinstert und schwergemacht – eine Menge zerlumpter Kinder und Weiber treibt sich hier umher, ebenso schmutzig wie die Schweine, die es sich auf den Aschenhaufen und in den Pfützen wohl sein lassen.«

Anstieg der Bevölkerung in einigen englischen Industriestädten
Einwohnerzahlen in T

	1800	1850	1900	1920
Birmingham	71	242	522	919
Liverpool	82	397	685	803
Manchester	77	336	544	731
Sheffield	46	135	381	391
Leeds	53	172	429	458
London	959	2 363	4 537	4 483

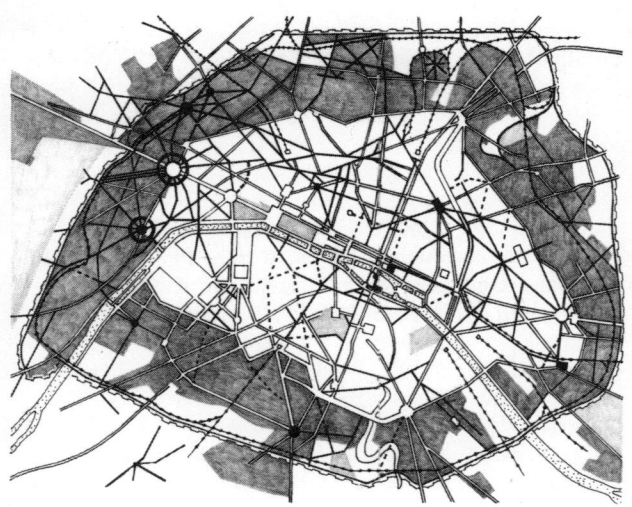

Paris mit den von Haussmann veranlaßten Straßendurchbrüchen; die neuen Straßen sind schwarz eingezeichnet, die neuen Stadtteile grau angelegt.

In der Entwicklung zur Industrialisierung folgten andere Länder dem englischen Vorbild, wenn sie auch nicht ein solch extremes Wachstum der Stadtbevölkerung und der Stadtfläche aufwiesen. Aber auch in Frankreich war eine Zunahme der Stadtbevölkerung auf das Drei- bis Fünffache zu verzeichnen. Die Gesamtbevölkerung stieg zwischen 1850 und 1914 von 35 Mill. auf 40 Mill.

Die größten Probleme ergaben sich natürlich in Paris. Paris war jedoch die Stadt in Europa, in der man dem ungeordneten Wachstum nicht tatenlos zusehen wollte. Im Jahre 1840 wurden durch ein Gesetz über die Enteignung und zehn Jahre später durch ein Gesundheitsgesetz die Voraussetzungen geschaffen, um ein weitreichendes Programm für die Erneuerung der Stadt zu schaffen. Zwischen 1853 und 1871 gelang es unter Leitung des Präfekten Haussmann, durch Straßendurchbrüche ein neues funktionstüchtiges Straßennetz zu schaffen. Es verband das Zentrum mit der Peripherie der Stadt und galt wegen seiner geradlinig verlaufenden Straßen vielen anderen Städten als Vorbild. Diese Straßen besaßen durch den erleichterten Transport von Truppen und Soldaten zum einen nicht nur einen polizeilich-militärischen Aspekt und dienten zum anderen nicht nur der Repräsentation und der Verbesserung des Verkehrs, sondern vervollkommneten auch die technische Infrastruktur der Stadt. Mit ihnen entstanden neue Wasser- und Abwasserleitungen sowie eine Gasbeleuchtung. Es wurde Platz für neue öffentliche Gebäude geschaffen, so für Krankenhäuser, Schulen und Kasernen. Gleichzeitig wurde die Verwaltung der Stadt durch die Einteilung in 20 neue Stadtbezirke verbessert.

Völlig anders verlief die Entwicklung von Wien, der Hauptstadt der österreichisch-ungarischen Monarchie. Wien trat erst verhältnismäßig spät in den Kreis der europäischen Großstädte ein. Mitte des 19. Jh. war um seine Stadtmauern herum eine Reihe von Vorstädten entstanden, die völlig übervölkert waren. Eine Volkszählung im Jahre 1850 hatte ergeben, daß 73 Prozent der Familien nur über eineinhalb Zimmer verfügten und diese Wohnungen noch durch Untermieter mehrfach überbelegt waren. In einzelnen Bezirken waren sogar 90 Prozent der Wohnungen 1-Zimmer-Wohnungen, in denen sich manche Familie die geringe Fläche mit zwei oder drei Untermietern teilen mußte. Den wesentlichen Impuls erhielt die Stadt durch eine Erklärung des Kaisers Franz Joseph I. im Jahre 1857: »Es ist mein Wille, daß die Erweiterung der inneren Stadt Wien mit Rücksicht auf eine entsprechende Verbindung derselben mit den Vorstädten ehemöglichst in Angriff genommen und hierbei auch auf die Regulierung und Verschönerung meiner Residenz- und Reichshauptstadt Bedacht genommen werde...« Diese Entscheidung, die wegen der Schleifung der Festungsanlagen gegen den Rat der Militärs gefallen war, führte zum Bau eines Ringes von öffentlichen Gebäuden um die Altstadt. Das Parlament, Museen und die Universität, Verwaltungsgebäude und das Rathaus, Kunstakademie und Opernhaus sollten hier ihren Platz bekommen. Die Stadtfläche wurde von 283 auf 5540 ha vergrößert und zum Stadtgebiet erklärt. Später, im Jahre 1890,

Wien, Stadtzentrum in der 2. Hälfte des 19. Jahrhunderts; Bebauung des Rings mit Börse, Universität, Rathaus, Burgtheater, Museum

wurde sie auf 17 812 ha erweitert, und 1904 war die Stadt sogar 27 308 ha groß. Im Jahre 1893 wurde ein erster Bebauungsplan aufgestellt, der für die Nutzung einzelner Flächen bestimmte Funktionen vorsah. Dieser Plan sah drei Wohnzonen mit 3-, 4- und 6geschossigen Wohnhäusern vor, eine Zone für die Fabrikviertel und eine Zone für Wälder und Parks, die der Erholung dienen sollten. Allerdings konnte auch dieser Zonenplan nicht die bis in unser Jahrhundert bestehenden katastrophalen Wohnverhältnisse ändern; erst in den zwanziger Jahren suchte man die Lebensverhältnisse durch Wohnsiedlungen für die unteren Schichten zu bessern.

Die schlechten Wohnverhältnisse in Wien ließen sich nur noch mit denen in Berlin vergleichen. Auch in Berlin hatte die Industrialisierung erst verhältnismäßig spät, nach 1840, eingesetzt. Eine Volkszählung im Jahre 1861 ergab, daß 10 Prozent aller Bewohner in Kellerwohnungen lebten und daß die Hälfte aller Bewohner zu je fünf Personen ein Zimmer bewohnten. In vielen Fällen mußten sich mehr als acht Personen ein Zimmer teilen; im Extremfall waren 13 bis 20 Menschen gezwungen, in einem Raum zu hausen. Diese verheerenden Mißstände sollten durch einen Bebauungsplan des Polizeipräsidiums, den sogenannten Hobrecht-Plan (nach dem englischen Baubeamten James Hobrecht), gemildert werden.

Anstieg der Einwohnerzahlen in einigen französischen Städten in T

	1800	1850	1900	1920
Paris	547	1 053	2 714	2 906
Marseille	111	195	491	586
Lyon	110	177	459	562
Bordeaux	91	131	257	267

Die zur Erweiterung vorgesehenen Flächen wurden mit einem regelmäßigen Straßennetz überzogen, das weit über das bis dahin bebaute Gebiet hinausging. Eine fieberhafte Bodenspekulation setzte ein. Dieses wiederum hatte zur Folge, daß das Gebiet fast ausschließlich mit Mietskasernen bebaut wurde, um eine gewinnträchtige Ausnutzung der Grundstücke zu erzielen. Diese waren allerdings nur im Osten und Norden des mittelalterlichen Stadtkerns zu finden, während im Westen und Süden die besseren Wohnviertel lagen. Berlin errang so den traurigen Ruf, „die größte Mietskasernenstadt der Welt" (Werner Hegemann) zu sein. Das langweilige Straßenraster und die in ihrer Funktion undifferenzierten Straßen riefen den Eindruck von Monotonie hervor, der durch die eklektizistischen Fassaden noch verstärkt wurde. Ihren Höhepunkt erlebte diese Mißentwicklung des Städtebaus zwischen 1900 und 1910, als die Einwohnerzahl der Hauptstadt des Deutschen Reiches von 1,889 Mill. auf 3,730 Mill. stieg. Die Einwohnerdichte von bis zu 3000 Menschen je Hektar sagt kaum etwas aus über die menschliche Not und das soziale Elend in diesen Miets-

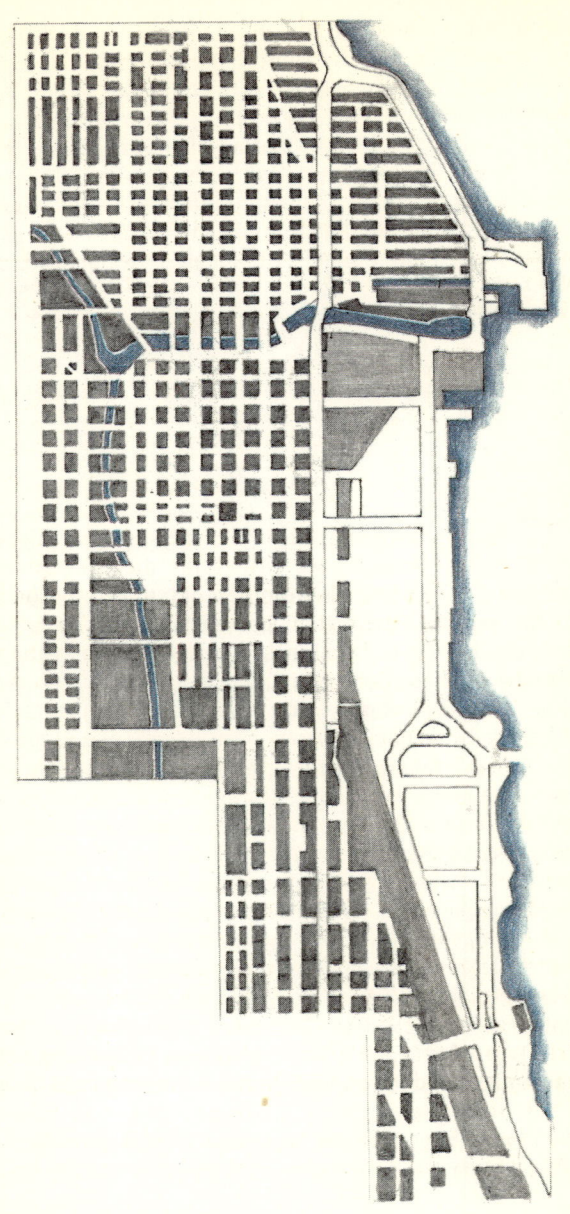

kasernen mit ihren zahlreichen Hinterhöfen und kalten Keller- und Dachwohnungen. Damals lebten zehnmal soviel Menschen pro Flächeneinheit wie heute in unseren Wohngebieten leben.

Anstieg der Einwohnerzahlen in einigen amerikanischen Großstädten in T

	1800	1850	1900	1920
New York	79	696	3 437	5 620
Philadelphia	41	121	1 294	1 824
Baltimore	27	169	509	734
Boston	25	137	551	748
Chicago	–	30	1 699	2 702
Cincinnati	1	115	326	404
Washington	3	40	279	438
Detroit	–	–	286	994

Das Rechteckschema, das in den meisten europäischen Ländern ein wesentliches Mittel für die Stadtplanung war, wurde auch auf die Kolonien übertragen. Besonders in den jungen Vereinigten Staaten fand es Anwendung, da hier ein Stadtentwicklungssystem für eine beinahe unbegrenzte Expansion gebraucht wurde. Ob New York oder Philadelphia im Osten, Detroit oder Chicago im Norden, San Francisco im Westen oder St. Louis im Süden, überall bildet das regelmäßige Rechteckschema die Grundlage für die Planung der Zentren und großer Teile der Stadterweiterung. Nur wenige Städte machen hier eine Ausnahme; so Washington, D. C., mit seiner pseudobarocken Achsenanlage, in dessen zweihundertjährigen Geschichte es nicht gelang, diese antiquierte Straßenanlage zu einem städtischen Organismus zu verschmelzen, und Boston, dessen Zentrum seine erste, unregelmäßig gewachsene Stadtanlage aus dem 18. Jh. beibehielt. Typisch jedoch bleibt der Rasterplan, der technisch wesentliche Vorteile für die Erschließung und Versorgung bietet und zudem Bodenwert und Bauwerke in eine enge ökono-

Das Zentrum von Chicago mit der Geschäftsstadt; die gesamte Stadtfläche ist mit einem regelmäßigen Straßennetz überzogen.

mische Beziehung setzt. Der Erlebniswert und die Originalität dieser Städte reduziert sich daher auf eine – häufig gesuchte – Individualität der Bauten, die durch die Konkurrenz der Bauherren und die Monotonie der rechteckigen Straßenblöcke gefördert wird.

Der Einförmigkeit der Straßenanlagen versuchte man in der Mitte des 19. Jh. zu entgehen, indem man Teile des schon parzellierten Bodens aufkaufte und in städtische Parks verwandelte. Der Central Park in New York ist das bekannteste Beispiel einer solchen Anlage. Der 340 ha große Park, der zwischen 1853 und 1864 durch Frederic Law-Olmstedt (1822–1903) angelegt wurde, bildet die grüne Lunge von Manhattan und wird bis heute nicht durch den Autoverkehr gestört, da die vier Autostraßen, die die Ostseite mit der Westseite verbinden, den Park unterqueren. Der Central Park blieb keine Ausnahme. Die später angelegten Parks, wie der Bronx Park, 265 ha groß, mit Zoologischem und Botanischem Garten sogar 342 ha umfassend, der Pelhambay Park, 702 ha, und die sie verbindenden Bänder mit einer Fläche von 102 ha wurden zu einem Programm. Andere Städte, wie Chicago, Philadelphia und Boston, folgten dem New Yorker Vorbild.

Städtewachstum und Geschichtsbewußtsein

Auf die katastrophalen Wohnverhältnisse in den Städten reagierten um die Jahrhundertwende endlich auch die Architekten. Eine erste Äußerung war das bemerkenswerte Buch »Der Städtebau nach seinen künstlerischen Grundsätzen« von Camillo Sitte (1843–1903). In dem 1889 erschienenen Buch bemängelt der Verfasser das Fehlen von malerischen Straßenwinkeln, von Brunnen und Arkaden in den modernen Städten und bedauerte den Verlust an unregelmäßig gebauten – weil nicht historisch gewachsenen – Plätzen. Antike und mittelalterliche Städte dagegen erschienen ihm vorbildlich, das moderne Straßenraster mit seinen quer- und längsverlaufenden parallelen Straßen zur städtebaulichen Raumbildung ungeeignet.

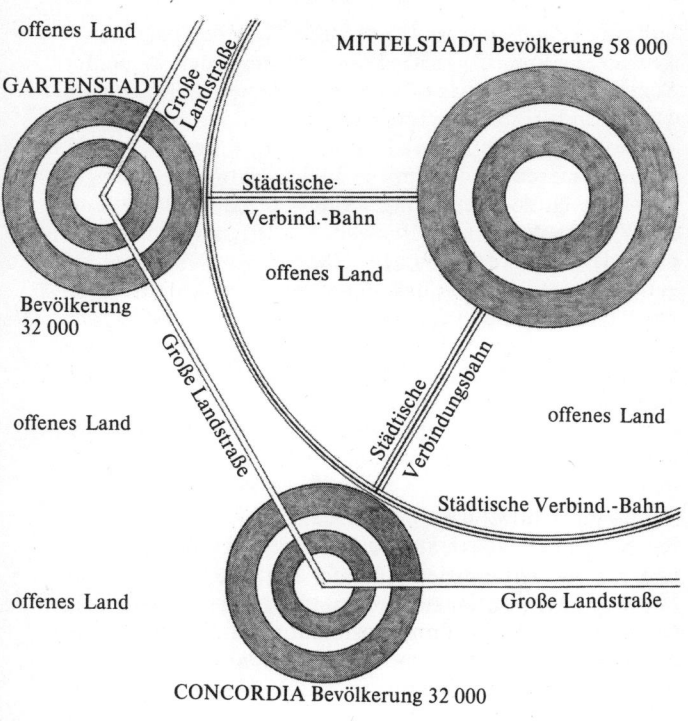

Entwicklungsmodell für Gartenstädte; Projekt von Ebenezer Howard

Sitte versuchte, durch die Beschreibung historischer Beispiele das Interesse für die alten Plätze wieder zu wecken, und wollte durch eine durchdachte räumliche Gestaltung den Städtebau erneut zu einem künstlerischen Objekt und damit zu einem ästhetischen Erlebnis machen.

Damit war man zwar von einer Veränderung sozialer Mißstände weit entfernt, aber es war ein Unbehagen formuliert worden. Etwa zur selben Zeit entstanden Reformvorschläge, durch die eine umfassende Verbesserung der Lebensumstände erreicht werden sollte. Die Gartenstadtbewegung, die besonders die hygienischen Mißstände zu verbessern suchte, ging von England aus und griff später

119

auf eine Reihe anderer Länder über. Die Idee war durch Ebenezer Howard (1850–1928) initiiert, der in seiner Schrift »Garden Cities of Tomorrow« (zuerst 1898) ideale Stadt-Land-Einheiten forderte. Nach seinen Vorstellungen sollte eine Zentralstadt mit 58 000 Einwohnern von sechs kleineren Städten mit je 32 000 Einwohnern umgeben sein. Diese Anordnung sollte – in naher Beziehung zu Wäldern und Landwirtschaft – allen Bewohnern ein gesundes Leben ermöglichen. Nach Howards Vorstellungen sollten sich Grund und Boden in Gemeinbesitz, alles andere – so auch die Gebäude – in Privatbesitz befinden. Diese Idee wurde nicht realisiert, aber es wurden einige Gartenstädte gebaut, die jedoch wegen ihrer geringen Zahl nicht die in sie gesetzten gesellschaftlichen Hoffnungen erfüllen konnten. Jedoch waren die Gartenstädte ein Impuls und eine Forderung, die nicht mehr überhört werden konnten.

Erst mit Unterstützung von Parteien und Gewerkschaften gelang es – verstärkt in den zwanziger Jahren –, Verbände und Genossenschaften für den Bau von Reihenhäusern und Vorstadtsiedlungen zu gründen. Gleichzeitig befaßte man sich zum ersten Mal wissenschaftlich mit den Fragen des Bauens und der Stadtplanung. So wurden für Wohnungen in mehrgeschossigen Häusern die notwendige Besonnung und Belichtung errechnet und bestimmte Mindestabstände zwischen Häusern gefordert; es wurden Wohnungsgrundrisse verglichen und analysiert, um bei Erfüllung der hygienischen Forderungen die Kosten niedrig zu halten. Diese Untersuchungen bilden eine Grundlage für den Massenwohnungsbau, an die man heute noch anknüpft.

Um die gewonnenen Erfahrungen zu verbreiten und auf die Probleme des Städtebaus und der Architektur aufmerksam zu machen, veranstalteten die progressiven Architekten in den zwanziger Jahren eine Reihe von internationalen Kongressen. Besondere Bedeutung erlangte der 1928 in Athen abgehaltene Kongreß, der durch seine 95 Thesen über den Städtebau berühmt wurde. Die unter dem Namen »Charta von Athen« bekanntgewordenen Grundsätze bieten auch heute noch einen methodischen Ansatz für die städtebauliche Praxis. Ein wesentliches Er-

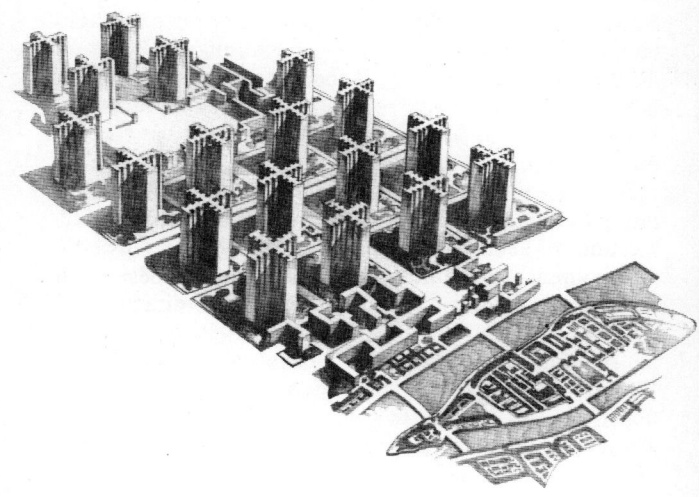

Plan für Paris von Le Corbusier (Projekt); im Vordergrund die Seine-Insel

gebnis dieser Tagung war die Forderung, die Hauptfunktionen der Stadt – Wohnen, Freizeit, Arbeit und Verkehr – voneinander zu trennen. Die seit dieser Zeit für viele Großstädte aufgestellten Entwicklungspläne verarbeiten gerade diese Forderung und geben durch detaillierte Spezialpläne einen überschaubaren Einblick in die Stadtstruktur.

Einen besonderen Anteil an der Charta von Athen hatte der französische Architekt Le Corbusier (1887–1965). Von ihm wurden die in Athen aufgestellten Thesen in extremer Weise weiterentwickelt. Er forderte nicht nur die Trennung in Fahr- und Fußgängerverkehr in verschiedenen Ebenen, erklärte das Wohnen in Hochhäusern zur zukünftigen Wohnform, stellte seine Gebäude auf Stützen, um die Grundfläche für den Fußgänger freizuhalten, ließ die Dächer zu Gartenterrassen gestalten, sondern rationalisierte auch weitgehend alle anderen Funktionen innerhalb und außerhalb des Hauses, so daß seine Häuser als »Wohnmaschinen« bezeichnet wurden. Seine radikalen Vorstellungen über den Städtebau demonstriert er an einem Bebauungsvorschlag für die Erneuerung von Paris. Neben der Seine-Insel ließ er hier ein System von gewaltigen Hochhäusern und Schnellstraßen entstehen, das das Herz von Paris zu einer dörflichen Idylle hätte werden lassen.

Und hier muß die Kritik an der Charta von Athen und an Le Corbusier ansetzen. Die Charta sah zwar in einigen Thesen die Erhaltung des »historischen Erbgutes der Städte« vor, aber als dieses Erbgut wurden nur die kunsthistorisch wertvollen Gebäude, bestenfalls einige Stadtteile angesehen; im übrigen war man davon überzeugt, neue Städte ohne historischen Bezug bauen zu können. Dabei verkannte man jedoch, daß Städte eine Tradition haben, die in Jahrzehnten, wenn nicht in Jahrhunderten gewachsen ist, daß Städte als Organismen begriffen werden müssen, die leben oder sterben können, die deshalb ständig ergänzt, erneuert, verbessert, angepaßt oder umgebaut werden müssen. Erst darin liegt ihr Reiz, erst darin liegt ein sinnvoller, d. h. ökonomischer Umgang mit ihrer materiellen Substanz, und erst dadurch entwickeln sich ein historisches Bewußtsein und eine Identität ihrer Bewohner. Der ausschließliche Ersatz durch Neubau führt zu Sterilität und Langeweile und ist ökonomisch kaum vertretbar.

Nach dem zweiten Weltkrieg stand man vor Problemen existentieller Wohnungsnot. Durch Bevölkerungsbewegungen (Migration) und Bevölkerungszunahme wurde der Wohnungsbau in vielen Ländern zu einem vordringlichen Problem. Für den Städtebauer und Verkehrsplaner bestand zwar in den kriegszerstörten Städten die Chance für eine Verbesserung der städtischen Infrastruktur, aber die Planer des Wiederaufbaus sahen sich gleichzeitig mit Problemen konfrontiert, die weit über ihre bisherigen Erfahrungen hinausgingen: neuentstehende Industriezentren und ihre Integration untereinander, die Massenmotorisierung mit ihren Auswirkungen für den Verkehr, aber auch mit einem hohen Flächenbedarf für das Parken und die Planung immer größerer Vorstädte, die neue industrielle Bauweisen erforderten. Neben diesen an Umfang und Tragweite weitreichenden Entscheidungen erschien das Problem der historischen Stadt und ihrer wertvollen Bausubstanz sekundär.

Erst als die Nachteile der Aufteilung der Stadt in bestimmte Funktionen (Segregation) sichtbar wurden – so z. B. die Nutzung des Zentrums als Einkaufs- und Kulturbereich, aber nicht als Wohngebiet – und die sich daraus ergebenden höheren Transportleistungen und Energiekosten – lange Wege ins Zentrum und in die Industriegebiete – spürbar wurden, stellte sich die Frage nach der historisch gewachsenen Stadt neu. Müssen unsere Städte ständig weiter wachsen? Gibt es nicht Möglichkeiten, saubere Industrien und Wohnungsbau miteinander zu verbinden? Sollten wir nicht die entstandenen Lücken zwischen Altstädten und Neubaugebieten wieder schließen, um ein sinnvolles Nebeneinander unterschiedlicher Funktionen zu erreichen?

Seit einigen Jahren erkennen wir nun den Wert unserer alten Städte wieder. Wir sehnen uns nach der Dichte städtischen Lebens, sind auf der Suche nach alten Plätzen und wollen uns auf engen Straßen führen lassen. Wir erkennen immer mehr, daß die Städte von innen, vom Kern her, erneuert werden müssen, um schließlich ein dichtes städtisches Gefüge zu bilden. Megalopolis scheint vergessen; sowohl das antike Megalopolis mit seiner großartigen Neuplanung als auch die moderne Megalopolis mit ihrer perfekten Infrastruktur und ihrer unendlichen Größe haben versagt, weil sie den menschlichen Maßstab vermissen lassen.

Wenn wir die Stadt als Ort der Geschichte annehmen und sie als Handlungsraum für die Gegenwart verstehen, so wird es uns gelingen, städtische Kommunikation zu fördern, eine soziale Gemeinschaft bewußt zu gestalten und Identität mit der städtischen Umwelt zu erreichen, um so insgesamt verbesserte Lebensbedingungen zu schaffen.

Literatur

1. Benevolo, L.: Die Geschichte der Stadt. Frankfurt/ New York 1983
2. Braunfels, W.: Abendländische Stadtbaukunst. Köln 1976
3. Egli, E.: Geschichte des Städtebaues. Zürich 1959
4. Gantner, J.: Grundformen der europäischen Stadt. Wien 1928
5. Gerkan, A. v.: Griechische Stadtanlagen. Berlin 1924
6. Grundmann, S.: Die Stadt. Berlin 1984
7. Hamblin, D. J.: Die ersten Städte. Hamburg 1977
8. Jacob, F.-D.: Historische Stadtansichten. Leipzig 1982
9. Kolb, F.: Die Stadt im Altertum. München 1984
10. Martin, R.: L'urbanisme dans la Grèce antique. Paris 1956
11. Moholy-Nagy, S.: Die Stadt als Schicksal. München 1979
12. Mumford, L.: Die Stadt. München 1979
13. Munter, G.: Die Geschichte der Idealstadt. Berlin 1928
14. Planitz, H.: Die deutsche Stadt im Mittelalter. Weimar 1980
15. Sitte, C.: Der Städtebau nach seinen künstlerischen Grundsätzen. Wien 1909

»akzent«-Reihe
(1974–1988)

1. Brosin, Vorstoß ins Ungewisse
2. Kobrinski, Achtung – Roboter!
3. Kirchberg, Oldtimer – Autos von einst
4. Lindner, Der Sternhimmel
5. Dorschner, Sind wir allein im Weltall?
6. Rast, Aus dem Tagebuch der Erde
7. Lindner, Kraftquell Kernenergie
8. Raths, Tiere im Winterschlaf
9. Lehmann, Mathe mit Pfiff
10. Peters, Mensch und Tierwelt
11. Brentjes, Die Erfindung des Haustieres
12. Mothes, Tiere am Fließband
13. Eyermann, Sojus – Apollo 1975
14. Thomas/Thomas, Milliarden Jahre Leben
15. Schönknecht, Schneller – aber wie?
16. Freytag, Vom Wasser- zum Landleben
17. Raubach, Rätsel um das Molekül
18. Rudolph, Olympische Spiele in der Antike
19. Krause, Gehirn contra Computer?
20. Friedemann, Leben wir unter kosmischen Einflüssen?
21. Mohrig, Wieviel Menschen trägt die Erde?
22. Günther, Gebaute Umwelt
23. Kéki, 5000 Jahre Schrift
24. Krumbiegel, Tiere und Pflanzen der Vorzeit
25. Windelband, Woher der Mensch kam
26. Winde/Knoll, Schlagadern des Seeverkehrs
27. Dorschner, Planeten – Geschwister der Erde?
28. Becher, Ist das Eigentum ewig?
29. Kurze, Leichter als Luft
30. Ritzhaupt u. a., Nahrung aus dem Meer
31. Kehnscherper, Auf der Suche nach Atlantis
32. Gränz/Kirchberg, Klassiker auf vier Rädern

33. Lange, Die Farben der Tiere
34. Wille, Sibirien – Erschließung eines Kontinents
35. Zimmermann, Nur eine Münze ...
36. Kolb, Lebensvorgänge unter der Lupe
37. Rührdanz, Bagdad – Hauptstadt der Kalifen
38. Lewantowski, Raumtransporter
39. Szécsényi-Nagy, Jenseits der Milchstraße
40. Odening, Parasiten – Geißel der Menschheit?
41. Brentjes, Vom Stamm zum Staat
42. Conrad, Vom Jakobsstab zur Satellitennavigation
43. Wassilewski, Vulkane – Feuer des Pluto
44. Petrik, Kurioses aus der Technik
45. Knoll/Winde, Windjammer
46. Mohrig, Wie kam der Mensch zur Familie?
47. Brentjes, Rätsel aus dem Altertum
48. Rehbein, Oldtimer auf Schienen
49. Marquart, Raumstationen
50. Herrmann, Besiedelt die Menschheit das Weltall?
51. Farkas, Veränderliche Tierwelt
52. Oppermann, Tarnovo – Zarenstadt des Balkan
53. Rook, Oltimer der Flüsse und Meere
54. Günther, Straßen, Brücken, Türme
55. Mothes, Durch Sonnenenergie mehr Nahrung
56. Katona, Interessantes aus der Medizintechnik
57. Marcinek, Droht eine nächste Kaltzeit?
58. Nichelmann, Licht und Leben
59. Lányi, Erstaunliches über Tiere
60. Brentjes, Libyens Weg durch die Jahrtausende
61. Scheikov, Leben und Symmetrie
62. Mletzko/Mletzko, Die Uhr des Lebens
63. Brentjes, Bauern, Mullas, Schahinschahs
64. Müller/Pötsch, Vom Königspurpur zum Jeansblau
65. Conrad, Kommunikation 2000
66. Naumann, Wo steckt noch Energie?
67. Farkas, Wandernde Tierwelt
68. Vahlen, Weltwunder der Antike
69. Scharff, Der Garten im Wandel der Zeiten
70. Mohrig, Böse wie Tiere?
71. Oppermann, Plovidv – antike Dreihügelstadt
72. Göttner/Seydewitz, Roboter heute und morgen
73. Lange, Gestaltwandel im Tierleben

74. Illini/Bernstein, Elektronik im Alltag
75. Hohl, Wandernde Kontinente
76. Müller, Vom Ringwall zur Festung
77. Rehbein, Klassiker des Schienenstranges
78. Kokoschko, Mittelasien, gestern, heute, morgen
79. Conrad, Chips – Sensoren – Computer
80. Stoof, Das hunderttorige Theben
81. Rook, Riesen der Ozeane
82. Bürger, Geschützte heimische Tiere
83. Hahn, Sonnentage – Mondjahre
84. Lange, Inseltiere
85. Hamel, Astrologie – Tochter der Astronomie?
86. Tietze, Megalopolis